思想觀念的帶動者

文化現象的觀察者

本土經驗的整理者

生命故事的關懷者

心靈工坊 PsyGarden

Holistic

探索身體，追求智性，呼喊靈性
攀向更高遠的意義與價值
是幸福，是恩典，更是內在心靈的基本需求
企求穿越回歸眞我的旅程

故事的療癒力量

敘事、隱喻、自由書寫

The healing power of story

作者—周志建

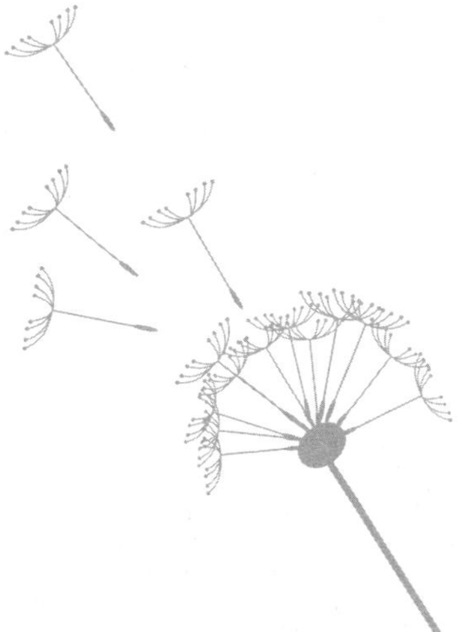

本書願獻給

所有受苦、但不放棄的靈魂

來自各方的讚譽

本書記載著一個故事，像是在詮釋那一首歌：「My way」。志建走的是一條自己想走的路，沒有理由，也不需要理由。這就是他的天職，也是他的天命。

——**金樹人（澳門大學教育學院教授）**

通過故事，志建將自己的生命與品味創作得更加統整、更具意義、也更有力量；通過故事，他幫助了許多人走過與他類似的歷程。在台灣，他運用故事助人已十多年，他的敘事已經不全然是誰的敘事治療，著實是他自己一步一腳印的在地累積。

——**翁開誠（輔仁大學心理學系副教授）**

來自歷史的內在積存（store）慢慢醞釀成為故事（story），最終成為生命，志建以他一向誠懇、真摯、細膩的情感與文字功力，讓所有讀他的，從心底開始悸動。

——**楊明磊（淡江大學教育心理與諮商研究所所長）**

以志建的才華，可以平順過一生。但，志建沒有，他選擇任性，選擇改變，選擇自己的選擇；也因為任性、衝撞、改變，讓志建的生命充滿更多的驚喜與能量，並創造出更多屬於他自己的故事，讓他找到自己的天命與價值。志建用生命說故事，具有深深撼動心靈的力量，他用真誠的心，分享他親身經歷的生命故事，故事很單純，卻敲叩到每個生命的深處，寓意如此深遠。

——**楊田林（知名專業人文企管講師）**

〔推薦序一〕

有故事的人

曲折的心情有人懂，怎麼能不感動……

都是有故事的人，才聽懂心裡的歌

——〈有故事的人〉歌詞

曹中瑋

志建寫下他靈活善用敘事治療自助助人的故事，讀者可以在書中大大小小的故事裡，讀到生命的美妙和力量，更能領會專業助人工作者的核心精神。

我和志建相遇的時間不長也不多，只是近幾年，我們在旭立心理諮商中心相同的時段工作，偶爾能在休息時，有些簡單的互動，但我很容易感受到志建散發出的熱情和積極。他經常主動和我分享美好的事物，除了吃過他提供的健康雜糧饅頭、綜合水果酵素之外，他還送過我幾本好書，甚至轉寄他自己力行的健身與修行方法。此外，在專業領域裡，他也常是最先提出善意建言的人，他的敏銳和勇敢的實踐力，相當讓我敬佩。

看了書中志建的生命故事，我有些懂得他何以是這樣的人，以及為什麼走進助人專業並傾心於敘事治療。我看見真實的他，也看見我自己。

我專攻的學派是完形諮商，自己也和志建有很不一樣的成長經驗，但我很開心，我們對人的相信、對諮商工作的信念非常相近。敘事治療透過說故事，促使對生命發生的一切「再經驗」與「再理解」；而完形諮商則在此時此刻，利用各種「實驗」，讓當事人重新體驗過往被桎梏的生命故事。兩者都希望，因此能重寫或重新建構生命全新的過去與「扭轉」未來。而助人者在此過程，是以自己的生命去聆聽、陪伴另一個生命，當生命與生命真摯地交流，撞擊出「熱淚盈眶的感動」，於是，移動和改變的能量生成。

雖然，我沒有用過敘事治療直接進行諮商，但在任教於研究所期間，指導的碩士論文幾乎都是敘事研究，尤其後幾年，我只收想挑戰自我敘說的研究生。陪伴他們寫故事的歷程，真的只能以嘔心瀝血、刻骨銘心來描述。志建的書中也談到「自由書寫的心靈療癒」，我想，我知道那是真的。

記得一位形容自己似浴火重生般完成論文的學生說：「每一個學諮商的人都該要寫一篇自我敘說，透過這個經驗重新看見自己、療癒自己，才能做好助人工作呀！」

恭喜志建完成大作；也恭喜助人工作夥伴們，又有一本本土助人經驗的好書出爐，能帶給我們許多專業的滋養與啟發；更恭喜每一位有故事的人，有機會和書中許多的生命故事「相遇」，激發出無限的生命潛能。

本文作者為專業心理師及督導，
曾任臺北教育大學心理與諮商學系副教授

〔推薦序二〕

找回自己那個愛說故事的小女孩

謝文宜

從小，我就喜歡聽故事、看故事書，也愛說故事。印象中，小時候的我曾經是個很能隨意就編出各種故事的孩子，而且在講故事的時候，還會被自己所編的故事所感動，甚至震撼。不知道為什麼，看了志建這本書，竟然讓我憶起那個被遺忘許久、愛說故事的小女孩，當下，心中充滿著悲傷、遺憾與內疚，但卻也有一種淡淡的喜悅！喔，**我終於找回了那個小女孩，那是我創意的源頭！**

認識我的友人可能都常會聽到我這麼說自己：「我是一個很沒有創意的人。」我始終是這麼「認同」自己的，卻在閱讀這本書時，讓我找回了被我過濾掉的一個**「例外經驗」**，於是我重新認回自己。不，我是有「創意」的，說故事的創意。**能認回自己，真好。**

認識志建十多年了，那時他還在師大念諮商碩士，因為對於家庭諮商的興趣，我們五個友人組了一個讀書會，當時成員有黃明慧、翁樹澍、沈慶鴻、志建和我。讀書會沒多久就因大家忙碌漸漸散去，但我和志建卻偶爾還會聚在一起暢談，雖然次數不多，但每次和他談話，總能夠感受到一種很難以形容的氛圍，嗯，這麼說吧，那是一種靈魂與靈魂的對話，當中充滿靈性的滋養，對話中有一種全然的信任、接受與包容的愛在流動著，讓人感到很舒服、輕鬆、自在。

在每次與志建的互動中，總伴隨著一些新的啟發與療癒！閱讀這本書，也是。如同我找回了那個被我藏匿許久的小女孩，我也想起自己生命中許多未曾回看、卻有意義的故事。

某個早晨，讀著志建的書，讀一讀我就會停下來，從他的故事「進入」自己的故事，於是我與不同階段中被遺忘的自己重新相逢，那種感覺錯綜複雜，心中情緒滿滿，卻有一份深深的感動。**這樣的回觀帶出一種自我療癒**，於是我的新故事也漸漸展開了。或許，這就是本書所謂的「故事療癒」吧。

很開心這本書終於出版了，也很榮幸能夠為這本充滿療癒的書，寫出自己的閱讀經驗與感受。謝謝志建的真誠分享，書中那些動人的小故事，帶給我深深的看見、感動與反思，這是一趟動人的心靈之旅！

本文作者為實踐大學家庭研究與兒童發展學系副教授、
伴侶與婚姻諮商師

〔推薦序三〕

這樣了解人，真好！

黃士鈞

志建，對我來說，是個名字聽了很久了的新朋友。

朋友口中的志建，是一個優雅的敘事治療實踐者。

真的遇見了，說話了，是在澄清湖畔的散步，因為我正式邀請志建來幫忙「心動台灣一二〇」的台北場。

遇見了，說話了，才真的身歷其境感覺到這個「活生生的人」。

那次散步聊天之後，我跟好朋友錦敦說，**志建是我認識的人裡面，最「強烈地想要了解人」的人**。他有很多好奇，很多願意，很多很多的想要「懂」。

回家以後，我跟夫人說，我可以想像，當志建願意對眼前的人有著全然的好奇時，我猜想，有些原本沒有辦法說出心事的人，會真的打開心，說自己。

讀完志建的第一本書，又多懂了這個人一點點。在此把本書中我喜歡的句子摘錄如下，也說說我喜歡哪裡。

志建說：「唯有你跟它say hello時，你才能跟它say goodbye。」這是一句讓我深呼吸的話語。做諮商治療十五年了，陪著一個又一個生命，去跟某個時候被遺落的自己說「哈囉」，說聲「對不起」，說聲「謝謝」，然後把那個自己帶回心裡的家，於是，完整，有了新的可能。

志建寫著：「昨晚我在公館夜市排了長長的隊伍，買一塊宜蘭蔥餅，然後我一路開心地啖著熱烘烘、香噴噴的蔥餅，在那個剎那，心中突然升起一種平凡、幸福的滿足感。」

這是一段再平凡不過的說著生活，同時，好著地。那需要一份平靜的心，才寫得出來的平凡的生活的美。

志建寫著：「自由書寫將過去的經驗用白紙黑字寫出來、被自己看見，然後再唸出來，此刻它會變成『立體的』、有生命的東西，讓我們重新經驗它。如此的重新經驗，會帶出新的理解、新的領悟，於是人就得以重新做選擇，去選擇自己『偏好』（prefered）的生活樣貌與生命腳本，最後，故事就『重寫』了。」

我看著這一段，心裡猛點頭。是啊！講得真好真清楚。我知道活出自己偏好的生命樣貌是重要的，可是，志建把**「Know How」**說明白了！原來，透過故事的好好寫、好好說，帶出了立體的新經驗，進而發生了選擇的可能……。太好了，這件事一旦說清楚，其他人就更容易進入學習了。

志建的好問句：「為什麼你沒有喝更多的酒，是什麼阻止了你？」

唉呦喂呀！是這樣問的呢！原來，人可以這樣好奇，可以好奇這裡，可以這樣看見人努力於如此幽微不堪的所在。這，**就是功力了**。

志建寫著：「確實，從婦人身上，我不只看見『韌性』，我更看見了婦人身上潛藏許多寶貴的生命品質，包括堅強、勇敢、勇於溝通、不放棄、選擇自己要的。…我一一把它們寫在一張紙上…我最後在紙上簽名，成為她生命的『見證人』，然後再把這張紙交給婦人。…婦人雙手接過這張『證書』，再次流下感動的淚水，一直說謝謝、謝謝。」

這個故事，是整本書裡最觸動我的所在。一個在關係裡受苦不堪的中年婦女，在辛苦的成長故事被好奇而說出之後，志建把他聽見的好東西都寫在了紙上，而讓我最震撼的是「我一一的把它們寫在一張紙上」這個畫面，讓我彷彿也在那裡，看見了、感受到了那一份有力量的同在，還有對生命的尊敬。

書裡，還藏了好多好多故事呢！真開心，能被邀請寫推薦短文。

本文作者又名哈克，為諮商與輔導博士、潛意識諮商工作者

〔推薦序四〕

怎麼可以把敘事說得這麼美！

黃錦敦

這是一本講「故事療癒」的書，在幫此書寫序前，讓我先來說一個故事。

今年（二〇一二）三月，志建因到高雄帶工作坊，提前一天到我家裡借住。隔天早晨，我見到志建早已醒來，問他：「昨天睡得好嗎？」志建回答：「很好啊，昨天夜裡起來了六、七次……」

我「啊！」了一聲。

志建表情喜悅，繼續說：「昨晚睡到一半，我就突然醒來，然後靈感就一直冒出來，我忍不住趕緊爬起來書寫，寫完了，再躺回去睡，不久靈感又冒出來，接著又爬起來寫。就這樣來來回回起來六、七次，我就把書的架構給完成了。」志建說的時候眼睛發亮，神采奕奕，一點都不像是個晚上沒睡好覺的人。

接下來幾個星期，志建經常處在這種創作的**高峰狀態**，半夜依舊會突然醒來，然後頻頻望著窗外，心想：「天怎麼還沒亮？」他很興奮，巴不得天趕快亮，好可以起來書寫。那種源自內在的充沛熱情，相信讀者在閱讀這本書時，一定也會感受得到。**這是一本用極大熱情所完成的書**。

拿到了書稿後，我打開第一頁，見著書裡寫著**「本書願獻給所有受苦、但不放棄的靈魂」**，我的眼眶就紅了。當下深深吸一口氣，我想讓這句話停留在我心裡，繼續迴盪。

當我翻閱本書時，裡面有許多感人的案例故事，這些生命承受的困苦磨難實在令人難以想像。但隨著故事的敘說，我總可以在那看似蹣跚難行之處，照見一個個高貴又美麗的靈魂。我常在思考，助人工作者到底是在對抗「問題」，還是療癒一個「人」？我們該如何看待生命中的「苦難」呢？這本書有一篇講**「轉化痛苦之身」就在說這件事。原來，所謂治療（轉化）並非無痛無苦，而是透過敘說，讓人可以「穿越」苦楚、走進生命裡頭，去遇見苦難的意義及其背後的美麗靈魂。**

故事的療癒，讓人重拾生命的本來樣貌，並讓受苦的生命感到被珍惜、被禮敬，這也是敘事治療最核心的目標。讀者可以在這本書裡，充分感受到這個精神。

閱讀本書是一種極大的享受。讀著裡頭的故事，一頁頁翻動中，我時而頻頻點頭，內在充滿著共鳴的愉悅；時而紅著眼眶，內心充滿了慈悲的能量；更有時會不禁搖頭讚嘆著：**「怎麼可以把敘事說得這麼美！」**志建透過一個個小故事，引領我們穿梭在敘事的迷人世界裡，把一個個原本艱澀難懂的理論觀點，化為一小趟一小趟的旅行，讓讀者可以悠遊於敘事的美好中卻不迷路。同時，在平易近人的閱讀中，讀者可以輕鬆地領略到敘事治療深邃動人的哲學觀。

書裡，志建寫道：「我一路走來，說著自己的故事，我彷彿看見自己，拿著一把斧頭，一路披荊斬棘、穿牆打洞。我很被這樣的自己所感動。」我和志建是多年的朋友，而我所認識的志建，確實就是這樣一個人，他有著清澈又堅定的靈魂，更有著強大的實踐力。和他在一起時，自然會感受到他生命的熱情與行動力。

志建自詡為敘事實踐者，本書是志建實踐敘事的路徑之一，我所看到的志建，及我所理解的敘事治療，在這本書裡，如此自然真實地「合而為一」了。

本文作者為諮商碩士、敘事取向講師、督導、心理師，
「哇ㄟ卡」及「悟ㄟ卡」的創作者

目錄

contents

目錄

contents

目錄

contents

〔前言〕

一種熱淚盈眶的感動

我是一位心理諮商師，我常常在聽別人說故事。

我也是一個很「另類」的諮商師，我聆聽故事，但不分析故事。

十三年前，我找到了一個十分適合我風格的諮商學派：**敘事治療**（**narrative therapy**），有學者根本就直接叫它：**「故事治療」**。這個後現代心理治療學派，一改傳統心理治療的世界觀與治療方式，既不分析也不診斷，就是讓個案敘說自己的故事罷了。個案從敘說故事中理解自己，並重新發現生命的意義，進而重寫生命故事，生命的改變就在其中，十分神奇。

單純地說故事、聽故事，案主的生命故事就會被**「重寫」**（**re-author**）了，真有這麼簡單嗎？

不，這件事不簡單。要「單純地」去說故事、聽故事，是件很難的事。我們的腦袋越來越複雜了，要「簡單」，還真不簡單哩。

在傳統理性科學的教育下，人的腦袋越來越複雜，我們一天到晚在思考要如何「解決問題」。偏偏，聆聽故事的腦袋，不是問題解決的腦袋，它需要一種單純、一種簡單。**我們必需把自己「變回五歲的孩子」。**

「把自己變成五歲的孩子」，是一位督導跟我說的話。她不是做敘事的，但她很會聽故事。有一次聆聽完我做個案的故事，她有感而發，對敘事做出如此深刻的回應。

是的。做敘事、聆聽故事，需要一顆有如孩子般單純的「赤子心」。進入生命的腦袋，是情感的、靈性的、直覺的、感通的，小孩子都是這樣聽故事的。如果用理性的左腦聽故事，人會急於算計、分析、問題解決，這也沒什麼不好，只是，你喜歡別人用這種方式，來聆聽你的故事嗎?恐怕沒人喜歡。

我們找人訴說心事，只期待對方能聽我、懂我，這就夠了。有時，甚至連建議都不需要。我們要的，真的很簡單。

心理治療是一種生命底層交流的工作，有如藝術，它是一種心靈的運作，它需要有美感。然而，美感的前提是「你要有感動」。

聆聽故事也需要一種感動，一種熱淚盈眶的感動。「熱淚盈眶」是做敘事、聆聽故事的最高境界，我這麼認為。這些年教敘事，我最想傳達的就是這件事。

學敘事，我們得「換腦袋」。

從左腦到右腦，從認知的理性到生命的感通與感動。**「只有生命，可以抵達另一個人的生命。」**聆聽故事，不是靠腦袋，它需要一種生命的投入，它是一種靈魂的運作。這本書最想表達的，就是這件事。

這當然是一本心理專業的書。透過說故事，我在說我的敘事實踐，期待讀者也可以體會後現代獨特的「故事療癒」的美好。

後現代強調「解構」，這本書也在解構我們對心理專業的認識與學習方式。誰說學習心理專業，非得要從深奧的理論、專有名詞開始。敘事，就是說故事嘛！這本書，我想回到敘事「說故事」的本質，並展現敘事的原始風貌。

這是一本易讀易懂的書，我也將它定位成「大眾心理」叢書。裡面不講太多理論，我只說故事，只要你是愛聽故事的人，都會喜歡。**真理，就藏在故事中。**

本書的第一章先從我的生命故事說起，說我生命的主題：「另謀出路」。為什麼要從我的故事說起呢？

敘事裡有個很重要的概念叫「透明化」（transparent）。敘事治療師不像傳統的治療師那樣，把自己當成「空白螢幕」，我們會適當地自我表露，我們是以一個「人」的姿態去靠近人的。我深信：**「只有生命可以教導生命。」**

敘事也是很重視「實踐」的學派。我自己做敘事，卻不說自己的故事，那很不一致，根本是騙人的專家。如吉姆‧洛爾（Jim Loehr）所言：**「生命即是故事，故事即是生命**（Life as story, story as life）。」透過故事敘說，於是我深深理解自己、也療癒自己。**「一個人不可能給別人他身上沒有的東西。」**如果我不說故事，不親自體會故事的美好，我如何運用故事去療癒他人？**一切療癒，由我開始。**

當然，一定有人還是不解，為什麼說故事就能產生療癒？故事除了用在心理治療，還可以用在做研究嗎？故事算是一種知識嗎？

關於故事的知識論，第二章**「為什麼要說故事？」**裡我有詳細說明，有興趣的讀者可以參考看看。

說故事是一種「語言」的運作。語言不光是語言，語言背後是一種價值、是一個文化。語言是有力量的。第三章透過許多故事，我期待讀者明白**「語言的力量」**。就像本章有些故事被我放在部落格裡，卻意外得到許多讀者的熱烈迴響。有人告訴我，看了文章以後，她開始反思自己並立刻改變對孩子的說話方式，於是親子關係大大改善。你看，語言（故事）是有力量的，果真不假。

以故事的隱喻來理解人的生命，是後現代心理學很重要的視框。第四章裡我進一步說明**「故事的生命療癒」**。故事為什麼能產生療癒？要如何聆聽故事？如何說故事及回應故事？這是做敘事的重點。第四章，透過一篇篇生動的故事，我把我做敘事的故事，以及故事如何產生療癒的力量，說個明白。

第五章談**「神奇的隱喻魔法」**。正如心理學家克洛斯（Henry Close）所言：「透過故事與隱喻（metaphor），將使諮商的型態變得更加豐富又有趣，過程也充滿了驚喜。」確實，隱喻故事，常常是引領個案通往「領悟」的通路，為生命找到新的出口。

隱喻故事，不只可運用在敘事諮商專業上，更可以運用在日常生活的人際關係、親子教育、學校輔導等等，效果卓著，書中會舉例說明。

命名也是一種「隱喻」。一個人怎麼命名自己，其實也是在「定位」自己。其中一篇講我「敘事王子」這個雅號由來的故事，竟引發許多網友的回應，很多人開始在想：那我要如何幫自己「重新命名」呢？（哈）

最後一章**「自由書寫的心靈療癒」**，寫我這幾年如何運用自由書寫做敘事個案及工作坊的故事。什麼是自由書寫？自由書寫如何操作？為什麼它可以帶出療癒？為什麼它是我這幾年做敘事很重要的方式？我統統寫在第六章裡。期待讀者也可以心領神會，進而享受自由書寫的樂趣與「自」療。

我把這本書寫得很淺顯易讀，因為敘事本身就是一個很靠近人、很「平易近人」的學派。這本書，是我這幾年的「敘事實踐」，它記錄了一個台灣敘事工作者的「在地實踐知識」，期待這個經驗也可以傳承下去。不管你是不是心理工作者，期待讀者能夠以輕鬆的心情閱讀本書，好好體會故事的美好，就夠了。至於「療癒」之道，就在故事中。

這本書的完成，要感謝很多人，尤其是我的個案、私塾夥伴、工作坊成員。透過教學實作，讓我的敘事經驗得以持續累積。本書有些故事，如果是出自他們身上的，都是經過「化名」與大量修飾處理過，目的在尊重其個人隱私。如果還有其他不完善之處，敬請讀者不吝指教，當然更歡迎讀者與我分享您的閱讀心得與疑惑。

故事是活的，透過「對話」，故事才可以「生生不息」。故事的力量，就是這樣來的。

第一章

另謀出路，我的生命故事

我的任性
竟然
成為我
另謀出路的
動能

本以為，唯有知道自己是誰，人才能做出選擇。現在才明白：唯有當我願意做出選擇，於是，我才更加確認「我是誰」。

任性

好，我認了，我是一個任性的人。

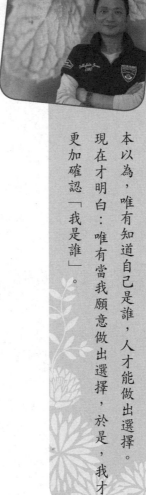

有一年，聽到父親說他的童年故事，不但讓我與父親深深連結，更叫我認回自己的「任性」。

那一年父親六歲，我奶奶去世，父親跟我一樣是老么。奶奶去世在一個寒冬裡，在山東有個習俗，孩子必須跪在棺木前守孝好幾天。小小的父親，忍受不了寒冬夜裡的風雪酷寒，一直哭著、嚷著說：「我不跪，我要睡覺！」

不管大人們如何好言相勸或惡言威脅「你不跪，就不分財產給你」，都沒有用（據說祖父當年是大地主，有很多農地果園）。小小年紀的父親很固執，拗著說：「我不要財產，一毛都不要，我只要睡覺！」

聽完父親的故事，這才發現，原來小時候的父親，也很任性。如我。

行至中年，當生命走到秋天的季節，突然有了很多領悟。這幾年，說著自己長長的生命故事，突然發現：在生命幾個重要的轉彎口，我都做了跟一般世俗「不一樣」的選擇，這樣的生命裡頭，應該有些特別的東西吧？敢不一樣，是需要勇氣的。朋友曾問：「你的勇氣哪裡來的？」當時我無法回答，直到說完自己的故事，我才明瞭，原來幫助我生命另謀出路的「動能」，竟然是，我的任性。

這份任性，遺傳自父親，但它也是我生命的「本質」。這份明白，也是說完故事才明瞭的。

關於我「任性」的故事，可多的哩。今天，我會成為一個說故事（敘事取向）的心理工作者，我在想，如非任性，絕不可能。**任性幫助我，成為「如其所是」的自己。**這一生，我坐在一艘叫「任性」的船，它載著我、順著生命的河，直流而下。任性的人生，當然要付出代價，但我無怨無悔。

以下故事說的是我四十歲以前，每逢人生困頓、挫折、陷落時，我所做出的另類選擇。邀請您，進入我的生命之河，與我一起遨遊。或許，在我的「另謀出路」裡，不小心，你會瞥見自己人生的新出路。

出生藍領階級的孩子

小時候我的功課並不好。不，應該說是：很不好（幾乎都倒數幾名）。

我出生在一個藍領階級的家庭。家貧，為求一頓溫飽，父母每天忙碌外出工作，根本無暇督促或關照我的功課（其實不只是功課，也包括我）。在這樣資源匱乏的家庭裡，你絕不能指望一個孩子能夠好好「安心」唸書的，當然更不能指望，他的功課要好。

二姐曾告訴我，小時候她很不喜歡上學，因為家裡沒錢給她買制服，每次到學校時她都被老師罵：「為什麼不穿制服！」甚至同學都會取笑她是「賣油條的女兒」（那時父親租了小店面在賣燒餅油條）。貧窮，讓她很自卑，不想上學。我也是。

記得小學的毛筆課，我通常都是要等同學寫完後，再去借同學的毛筆來寫。而每個星期要用毛筆寫週記這件事，更是我的惡夢，沒有毛筆的我，每次都等到週日的黃昏（這時同學功課應該寫完了），再跑去跟附近一位女同學借毛筆來寫週記。我是用這種方式，度過小學的。

貧窮，真的會叫人自卑，但也會讓人長出一些「能力」來。這也是後來說完故事後，我才發現的。獨立、自立、堅強、忍耐，這些都是當年的貧窮與自卑，才讓我長出來的「東西」。

貴人出現

上了國中，我的功課突然好起來，因為很幸運的，我遇到一個好老師。記得那個老師叫陳明雄，他教數學，也是我的導師。

國一時，有一次數學小考完，老師發考卷，發到我時，陳老師竟然不經意地對著全班說：「你看，只要努力，成績都會進步的，就像周志建這次考了一百分。」

哇，此話一出，有如醍醐灌頂。當時的我，全身火熱、心跳加速，感覺頭頂像有一束光圈照頂。

第一次被老師用這種方式**「看見」**，我興奮莫名，興奮到可以跳上月球。

我被鼓舞了，接著，功課突飛猛進。後來，不只數學好，連帶其他科成績都好了起來。到了國二，幾乎每次月考都是前五名，連家人都感到意外，覺得這簡直是個奇蹟——這孩子開竅了。

那時候唸書，我絕對是自動自發的。每天清晨四點鐘鬧鐘會準時叫我起床唸書，要是別人的父母，一定開心得不得了，會對這樣用功的兒子讚譽有加。但當時，母親卻責罵我：「這麼早起來，你要吵死人啊！」（以前的鬧鐘，響聲很大）

人生第一個抉擇

國中畢業，我的成績不錯，考明星高中或五專應該都沒問題。

當時，家人沒給我太多壓力，母親只是淡淡地說：「如果你唸高中，以後就要考大學，家裡環境你是知道的，大學的學費你要自己想辦法。」

那時的我，是一個乖孩子，善體人意，不想給家裡負擔，自然選擇唸工專。那時我想說：「人只要有一技之長，可以賺錢，人生就應該沒問題了吧。」那是一個十五歲孩子，對人生過度簡化的單純想法。

記得那時我跑去高雄唸工專。因為那時專科有建教合作，畢業後可以進電信局工作，我姨丈就在電信局，當時電信局是個金飯碗（現在也是），當公務人員工作穩定、福利佳。我如此算計著。

於是，我第一次離家到外地唸書，這也是我第一次，為自己的人生做出選擇。這個選擇裡，有著我的善良與無知，裡面更包含了當時的主流價值。

跟「電」不來電，決定重考

我當時唸的五專好像是電X科什麼的，我也忘了，反正唸不到一個月就休學了。

記得，第一次工廠實習時，老師發給我們一人一個馬達，要我們把裡面的線給拆開來，然後再繞回去。當時我就很納悶：「好好的馬達幹麼要拆開來！」當我手上拿著線圈，機械又無趣地繞著那該死的馬達時，我心裡馬上知道：**「這不是我。」**

當時面對著馬達，我自忖：「難道以後我的人生就要這樣嗎？我要跟這些沒生命的機器過一輩子嗎？」

「不，絕不！」我的心，吶喊著。

不久，我打電話回家，跟父親說：「我不唸了，我想休學。」父親聽了，完全沒有思考，立刻回我：「那你就回來吧。」二話不說，我立刻辦休學，飛奔回家。那個學校，待不到一個月，我連新買的工廠實習制服都還沒拿到呢。

再一次，我為自己的人生做出重大選擇。這次選擇，裡面卻多了**「自覺與自主」**。

隔年重考，我考上台中一中。

雖然比別人晚讀一年，但我從來不覺得當年跑去唸五專是浪費時間的事。如果沒有經過這個經驗與嘗試，我怎麼知道：原來我不適合念理工科？原來我跟電，「不來電」！經驗永遠不會白費，經驗是我們最好的老師。

放棄主流，從自然組轉社會組

後來的高中三年，對我而言，絕不是聯考壓力下的慘淡歲月，我比一般的聯考小子快樂許多。因為，這是我自己選擇的路。

高一下，第一次分組，因為跟班上同學感情不錯，我沒有去社會組。但我很清楚，我是要唸社會組的。

那時，我跟班上一位每次都考第一名的楊姓同學感情很好，我們都對文學有著濃濃的興趣，相約著高二時，一起轉到社會組。但隔年，我轉了，他沒轉，因為他的父母要他當醫生，他沒得選擇。在主流價值的壓迫下，人常身不由己，我們得選擇別人要的，而不是我要的。這種遺憾，相信你一定不陌生。

記得當年我要轉社會組時，也不是都很順利的。雖然我的父母沒意見，其他老師同學倒是意見很多。當時，社會的主流價值是：「男生」應該要唸理工科，不然就是當醫生才有出息。社會組是給「女生」唸的，除非你成績不好。而當時，我的成績不錯。

記得一位化學女老師，課後把我叫過去，用很惋惜的口吻對我說：「志建，你的化學成績很好啊，幹麼要去唸社會組呢？」我心想，化學成績不錯跟我想唸社會組是兩碼事啊。但我沒說，我知道當時的我根本無力抵抗主流價值，我假裝默默領受老師的好意，最後只淡淡地說：「謝謝老師關心，我會考慮。」其實，我早已打定了主意，去意已堅。

就這樣，跌破大家眼鏡，我跑去唸社會組。這次的另類選擇，是我第一次正式跟外在主流價值「交手」，不輸不贏，也沒有傷痕累累，這都要感謝我的父母與上次五專休學的經驗。

意外？天意？投入海洋的懷抱

高中畢業，我考上了海洋大學，很意外。因為我高中成績不錯，在老師的眼裡，我是非台大即政大。但聯考時，我太緊張了，表現失常。

雖然失常，但我還是決定要唸海洋，雖然當時大家都勸我重考。「你成績不錯啊，這次只是意外，明年重考一定可以上台大的。」一位老師勸說，但我不為所動，只因為，我喜歡海。那個學校旁邊就是一片大海，隨時隨刻，只要你一轉頭，

藍藍的大海就站在你的眼前。這就是我要的。（你看，果然任性）

在海洋大學，我擁有多采多姿的大學生活，那個日子，千金不換。大一時一切充滿新鮮，我充分享受著學長姐的呵護與照顧。大二的我瘋狂地搞社團，把社團搞得有聲有色。大三的我，感到迷惘並思考著自己的人生該何去何從？那時我參加海洋團契，那是我跟上帝最親近的時候。大四那年，我決定考研究所。你問我為什麼要唸研究所，我常常跟人家講：一來是因為我不知道自己以後要做什麼，想先給自己兩年的緩衝時間；二來是我捨不得離開「海洋」，說來浪漫，卻是真的。（再次任性，哈）

人生的關鍵時刻：加入義張

很幸運地，我順利考上了海洋法律所。那一年，一九八六年的夏天，是我人生的重大關鍵，不是因為我考上研究所，而是我參加了基隆救國團的義務張老師儲備訓練。會去參加義張儲訓，又是一個意外。那年考上研究所，暑假沒事，同學邀約了就一起去。想不到，從此改變我的一生，讓我走向心理諮商的路，從此無法回頭。

在此之前，我從沒接觸過諮商輔導。第一次接觸「心理諮商」這個東西，我整個人被「電」到了。我從未對任何學習與知識，有過如此巨大的熱情，那時對心理諮商的渴望，是直接從內心深處裡冒出來的。我該怎麼說呢？喔，一部電影叫「舞動人生」，你看過嗎？

一個在英國鄉下長大的礦工男孩比利，他的人生本來「注定」應該要當礦工，不然就是去踢足球的，但後來他偷偷跑去學跳芭蕾舞，從此他愛上了跳舞。一個人對一件事是否有熱情，你一定知道的，電影裡比利連走路的時候，都在跳舞。

傳統的父親當然反對，甚至還很生氣地打了比利，但當父親看見孩子如此熱愛、堅持他的舞蹈時，最後，因為愛，父親妥協了。

後來父親帶著比利去倫敦考舞蹈學院，考試時，比利很緊張，跳壞了，很沮喪。最後要離去時，一位評審問比利：「當你在跳舞時，你是什麼感覺？」

男孩沉默了一下，然後認真、緩緩地回答：**「當下的我，彷彿消失了。對、我消失了……我像一隻鳥、在飛，很自由。彷彿有一股電流通過……」**

後來比利收到通知，意外地，他考上了。我想是因為他那番話感動了評審吧，我完全懂比利說這話的意思。

當你充滿熱情地在做一件事時，表示你跟那件事是完全合一的狀態，那個片刻，時間是靜止的。比利的話，完全道出當年我接觸諮商的感覺。那時我對諮商課程，多麼熱切著迷啊，那種渴望猶如一股強烈的旋風，把我深深地吸進去。是的，在當中，我也消失了。我變成了一隻鳥，在天空飛，很自在、很自由。

經過一年的訓練實習後，如願以償，我成為正式的義張，開始接案。

唸「海法所」的那兩年，老實說，有一半以上的時間我都花在「張老師」，難怪當我研究所畢業時，跟我不錯的所長半開玩笑地跟我說：「志建，其實我不應該給你畢業證書的，應該叫張老師那邊發給你畢業證書才對。」（哈！真不好意思）

當兵，人生另一個轉折點

研究所畢業，入伍，當預官。很不幸，也很幸運的，我抽到了「金馬獎」。

預官是上下班制的，原本我打著如意算盤，反正全台都有「張老師」，不管我分到哪兒，我都還可以去「張老師」值班繼續當我的義張。可是，天不從人意，偏偏外島沒有張老師，人算不如天算，如今回想，或許真是天意。

所有的發生，都不是意外、也不是巧合，都是有意義的。但這份意義，得日後才能明白。原來，去金門又是我人生另一個重要轉捩點。

當時我剛離開校園，也是第一次離開本島，我很緊張。在一個全新又複雜的軍中社會，讓我感到十分焦慮。剛畢業的我，如溫室的花朵，看不慣軍中人性的虛偽與勾心鬥角，難以適應的我，吃了不少苦頭，心情糟透了，經常鬱鬱寡歡。

猶記得剛去金門的前三個月，我經常每天一個人漫步在太武公墓上，滿面哀愁。那時我的心情跌到了谷底深淵，完全失去動力，對一切都不感興趣，我真懷疑，自己是否得了憂鬱症，當時我經歷了前所未有的人生低潮。

直到三個月過後，結交了一些新來的軍官朋友，心情才逐漸好轉。後來，一個阿兵哥傳令才跟我說：「周少尉，你剛來的時候，每天一個人在公墓晃來晃去的，我真擔心你會自殺。」

現在回想，其實我真該感謝那段最晦暗的時光才對。

人，總在自己最脆弱、最低潮的時候，才會「觸底」去碰觸生命最底層的東西。往往人生最晦暗的時刻，也是人最靈性的時刻，那時我經常問自己：**「活著的意義是什麼？我的人生要何去何從？」**我每天對著公墓的玫瑰花沉思，同時也面對著自己。

日出日落，哀傷如我天天漫步在公墓花園中，度日如年。

就在一天落日的夕陽餘暉中，我突然問自己：「我曾經最快樂的時光是什麼時候？」喔，我好像很久不知快樂的滋味了。瞬間，腦海裡立即浮現出七百多個在義務「張老師」的日子。對呀，那時候的我，從個案身上及同儕團體中學到了許多關於我、關於生命的事。那時的我，像一朵含苞的花，不斷地綻放、奔放。那時候的我，充滿喜悅與活力。我差一點忘了。「唉，我喜歡這樣的我。」我突然領悟。

幾天後，一次清晨的散步裡，我面對著一塊墓碑，心裡暗暗地許下一個承諾。我告訴自己：**「如果人生只有一次，那以後我一定要做我喜歡的事。」**（廢話，難道人生有兩次嗎？）這個「領悟」，是來自當年漫步公墓中，每天面對著那些死人，跟墓碑說話，他們所帶給我的生命教導。

一旦下了承諾，我生命的陰影瞬間一掃而空，突然間，我告別了二十七歲的軍中憂鬱，邁向人生新的里程碑。

做我所愛，任性的選擇

於是，退伍後，我又做出一個任性的「選擇」。

退伍前，學長開的公司老早向我招手，如果我選擇與海法相關的工作，是很高薪的，但我沒有。我放棄原來研究所所學的專業（海洋法），反而選擇我喜歡的教育輔導工作。

我的第一份工作是在「洪健全教育文化基金會」擔任研究員與教育專員。現在回想，在「洪健全」的五年時光是繼「張老師」後，第二個滋養我生命，充實我專業知識的肥沃土壤。

當時「洪健全」是一個發展人文教育的機構，當年很幸運我可以接觸到許多好老師（像許倬雲、傅佩榮、陳怡安等），感染他們的人文風範，擴展了我的生命視野，並豐富我的生命。

同時，那些年我也繼續瘋狂地參加各種心理工作坊，為我的心理專業知識扎根，任何你想得到的學派，除了精神分析，我幾乎都上過了（而且都是長期課程）。當時一些心理諮商前輩，如鄭玉英、王行、楊蓓、黃惠惠等，他們大大滋養了我的生命與諮商專業，這段日子的專業學習是一段很充實又愉快的時光。

離開朝九晚五的日子，放空自己

在「洪健全」待了五年，工作穩定，也當上小主管，一切看似如此順利。照理說，我的人生應該從此過著「幸福快樂」的日子才對，是嗎？

不，我越來越不快樂，我不能騙自己。

後來機構轉型，我離自己想做的諮商輔導那條路越來越遠，離自己也越來越遠。加上工作了五年，我身心俱疲，經常腰酸背痛，晚上睡不好覺，生命失去動力。我當機了。

當時，內心有個東西在「蠢蠢欲動」著，但我刻意忽略它、逃避它。直到有一天，我終於聽到了。

放棄工作，尋找失落的自己

那一天，在花蓮鹽寮的海邊，我參加區紀復先生的清貧體驗營。在那裡生活，我們把物質需求降到最低，放下物欲、放空一切，回歸到自然裡去過簡單生活。

我們在海邊撿柴生火煮飯，市場撿菜葉、井邊天然浴、白天聆聽海潮聲、晚上看星星。當時我十分訝異，原來日子也可以這樣過，我從來沒想過。那幾天，與世隔絕，日子過得很簡單，沒有電話、沒有電視，時間突然多出很多，我刻意放空自己，學習靜默，每天漫步海邊、看著日昇日落，聆聽自己內在的聲音。

第一次，我感覺到自己的心，並聆聽到自己的心跳聲。在安靜中，我反覆地問自己：「這樣每天忙忙碌碌的日子，是我要的嗎？」答案是確定的，當然不。終於，我明白了自己為什麼越來越不快樂？**因為，我不敢做自己。**

從花蓮回來，我很快遞出了辭呈，離開別人眼中收入高、又安穩的好工作。我決定讓自己好好休息一段時間，如同土地需要休耕，我知道，該是我停下來的時候了。

離開了洪健全，本想只要休息一陣子，讓自己放鬆一下，再重新出發。但萬萬沒想到，這一休息，便「休息」了五年。哈，後來發現，我回不去那個「鳥籠」了。

那五年，我不小心成為一個自由工作者，靠著帶團體、演講、接個案，勉強為生。我跟朋友說：「我永遠不知道我下個月會有多少收入？」朋友問：「你會不會慌？」會呀，當然會，但我接受：**這是我的選擇**，同時我也接受一個事實：為了自由，我願意付出這個「代價」。（哈，我的任性又跑出來了）

那幾年，告別了朝九晚五的日子，我終於可以做一件人人心羨的事——每天睡到自然醒。

那時，我刻意學習一個功課：**「緩下來」**，傾聽內心的聲音。老實說，這並不容易。現在的社會競爭，把我們搞得團團轉，生活每天如戰場，人停不下來的。但我的身心告訴我：該慢下來了。學習緩慢，是我的功課，到至今依然。

那幾年，我刻意什麼都不做。我開始學習「發呆」，學習「什麼都不做也能夠安心」。喔，以前我是一個一定要做什麼事才能夠心安的人。

頭一回，在我清晨醒來的時候，我可以對自己是誰感到滿意。那些年，我才真正感覺到自己的呼吸，感覺到自己活著，我終於在好好「過日子」，而不是「被日子過」。

問自己一個好問題

生命是流動、千變萬化的。儘管我過了幾年隨心所欲的好日子，照理說，我應該又是「從此過著幸福快樂的日子」才對！是嗎？

不！就在千禧年的前夕（一九九九年），我的心又開始蠢蠢欲動了。我騙不了自己，我又不快樂了。當時，很悶，胸口裡有一片烏雲。

面對全新的公元兩千年，我問了自己一個問題：**「二十一世紀的我與二十世紀的我將會有什麼不同？」**

那段期間，日子失去重心，生活過得很空洞。我每天像遊魂一般，在植物園裡遊蕩，看著盛夏的蓮花，花開花謝。久了，我看膩了花，也看膩了自己。我喜歡自由，但那段日子我的心卻很不踏實。唉，其實我一直在逃避一件事。

一天清晨，漫步蓮花池，我的心突然冷不防地對我說：**「如果你繼續目前的**

生活，不改變，那二十一世紀的你跟二十世紀的你，都一樣，你不會有什麼改變的。」這個答案把我嚇一跳。然後，接著一個聲音，閃電一般跑了進來：「你該進修了！」這件事，我一直知道，卻也一直逃避。

其實，我心裡明白：如果自己要以諮商為一生志業的話，以我目前的能力與專業是絕對不夠的，但我就是下不了決心，去對抗我的恐懼與懶散習性。

不，我告訴自己：該是改變的時機了。那年夏天，在蓮花池畔，我下定了決心，我對著蓮花發誓：我一定要考上研究所。

一旦下了決定，人自然產生動力。經過十個月的全心努力準備，隔年夏天，當蓮花再開時，我終於如願以償，考上心目中第一志願：師大心輔所（教育心理與輔導研究所，簡稱心輔所）。

開心啊！可以再當一次學生，真叫人興奮不已。我連在夢裡，都在笑。**那一刻，我真正體會到：什麼叫做「自我實現」**！

進入碩班，發展專業的自我

在師大心輔所兩年的研究生生涯，簡直可以用「如魚得水」四個字來形容。因為，這是我渴望的事。跟隨心走（follow your heart），就毫不費力。

或許之前有比別人多些實務經驗，加上自己將近「不惑之年」的生活歷練，讓我即使重拾書本，也感到輕鬆不費力，此刻唸書是一種享受。而且，我很清楚，再來唸書，絕不是單單為了文憑，我想要統整自己的諮商經驗，找到專業的自我。

進入碩班前，我老早就對「敘事治療」這個後現代人文取向的心理治療感到十分興趣與嚮往。一進碩班，我主動搜尋相關資料認真研讀，國內外老師的敘事工作坊絕不放過，並經常在課堂中分享自己對敘事的理解與實踐經驗。

我十分感激當年碩班的老師與同學，當時他們不但沒有排擠，甚至都會以欣賞的眼光看待我做的敘事，這帶給我極大的鼓勵。從社會建構的觀點來看：**知識與自我認同是從社會互動中建構而來的**。果真如此。

在師大碩班，是充分發展我個人獨特敘事風格，很重要的基礎。學敘事、做敘事，敘事激發了我的生命潛能與熱情。受到後現代思潮影響，讓我成為一個自主、有獨立思考、批判能力的研究生。我絕不是坐在那裡，被動地等待教授來「餵養」我知識的學生。

敘事之於我，它絕對不只是單單在「諮商室」裡的東西，我把敘事完全融入自己的生活中。它變成我的一切，那時候，我開口閉口，都是敘事。

打從進碩班，我就很清楚：我就是要寫「敘事實踐」的論文。我要寫我喜歡的東西，不光是為了文憑而寫。也因論文起步得早，讓我在兩年之內就取得了碩士學位。

鑑於碩士班的學習經驗相當順利又愉快，自然地，我又想念博士班，想繼續深化自己的敘事專業。於是，畢業同年，我也順利考上了師大心輔所博士班。

自主學習，展現主體性

考上博班，在別人的眼裡，一定覺得我是個幸運兒，一切都順利得理所當然。照理說，我應該又是「從此過著幸福快樂的日子」才對，是嗎？

其實不然。老天爺再次印證，這句話只不過是個神話，上天自有安排，祂的計畫，永遠超越我們頭腦的算計。

二○○二年的秋天，進了師大博班，我不但沒有入學的喜悅興奮，反而心情相當沉重（班上所有同學都一樣）。為什麼呢？

進去後才知道，從我們上一屆的博班開始採取了「新學分制」，這個新學分制當然跟心理師法的修訂有關，我們被迫要修很多學分（比其他學校博班多兩倍），這點令我十分沮喪。我在想，我唸博班是為了深化敘事專業，修那麼多學分，只會讓我感覺是在應付體制、填鴨知識，這不是我要的。

真無奈。傳統的教育思維，仍然逃脫不出知識填鴨、「多就是好」的概念。怎麼辦？於是，我開始跟體制展開抗爭。

那時的我，一個四十歲的中年男子，生命卻充滿了熱情。我不想浪費生命去囤積知識，我想改變體制，讓它更符合我們學生的需要。於是，悄悄地，我在醞釀一件事。

對，我絕對不是一個「坐以待斃」的人。

記得碩班時，我就曾幹過一件事，讓全系師生們都留下深刻印象。

碩班時，滿懷欣喜進師大，但我總覺得研究生的學習，不應只停留在書本上、或課堂上的被動學習。於是，我策劃了一個「行動」，我想讓被動的課堂書本學習，變成主動的生命對話學習，我期待與教授們可以有更多的生命對話交流。

於是，我邀約碩班同學，兩人一組，私底下去「拜訪」（訪問）系上的教授們（很正式的，還帶了錄音機去錄音）。我們想知道他們過去的學習歷程，我邀請他們說故事，說他們「如何成為現在的自己」的故事（這件事很敘事）。同時，也跟教授們請益，問他們我們該如何**「成為」**（to be）一個助人工作者。

那次的「訪談行動」很成功。

我們聽了很多教授的生命故事，不但滋養我們的生命，也叫我們更靠近老師。連教授們自己都覺得開心，教書這麼久，從來沒有學生主動訪談、想聽他們說故事。教授對我們這屆研究生，刮目相看，留下深刻印象。

那一年的耶誕節，我更籌備了師大心輔所有史以來，第一次的師生同歡耶誕晚會。我邀請所有的研究生與教授們參加晚會，當晚除了交換禮物，我們還讓每個老師與同學，說說自己來年的願望。沒來的老師，我就播放一小段之前訪談的錄音帶。當時氣氛十分溫馨，事後一位教授說：「彼此當同事這麼久，都還不知道這位老師有這麼精采的故事呢。」

那一晚，師生之間跨越了階級、跨越了教科書，故事讓我們看見彼此，也讓我們更靠近。這就是我要的學習氛圍，我主動創造了。

放棄，是為了獲得

進了博班，面對新制度的壓迫，我當然不會坐以待斃。

這次，我又開始「行動」了。

行動前，我意識到，這次對抗的是「體制」，不是某個「個人」。**體制背後所代表的，其實是一個權威、一個文化、一個價值。**學敘事的我，不能不看見。我告訴自己，這件事絕對不能躁進，需要智慧。

我想好了策略。我連結其他同學（他們很快被我說服了），一起連署。原本只能哀天怨地的他們，很高興有人願意出來帶頭，幫自己爭取權益。

接著，我繼續連結上一屆學姐，大部分人都也樂於連署，但也有人態度保留。

這些人，不是對新制沒有意見，她們只是擔心，如果加入這份連署行動，日後會被教授「秋後算帳」。如此，會讓原本已經艱難的學習，搞到最後連畢業都遙遙無期。她們內在的深深恐懼，我看見了，也很十分理解。**生活在體制中被「體制化」的人，是害怕改變的。**

這讓我想起一部電影「刺激1995」。一位被關在黑牢裡三十多年的犯人，因害怕出獄後難以適應社會，因此故意不斷製造事端，好讓自己可以永遠留在監獄裡。最終，他還是被保釋出來了，後來果真無法適應外面社會的「自由」，於是他選擇上吊自殺，結束生命。

可悲。但其實我們也好不到哪裡去，我們也都被體制化了。體制是一個魚缸，我們是魚缸裡的魚，一方面既渴望游出魚缸的限制，另一方面卻也害怕魚缸外、大河大海的寬廣遼闊。

我在想：如果連我們這樣的高級知識份子、助人工作者，都放棄自己的渴望，害怕表達自己、不願主動溝通，那麼，未來如何去從事心理教育工作？缺乏主體性的老師是不可能去幫助學生發展他們的主體性，不是嗎？

連署書主要針對比較不合理的學分制度去做爭取，我洋洋灑灑寫了一篇內容極為卑微又懇切的「報告」，讓同學們連署簽名，再呈給系「上」（怕得罪教授，姿態當然要卑微）。不久，有回應了，少部分系上願意讓步，但有大部分系上仍堅持。

不錯了，我嚐到甜頭，於是繼續行動。私底下，我還去找一些跟我比較友好的教授們「溝通」，企圖先個個突破。

於是，我一次又一次不斷上報告。但漸漸地，報告也有去無回。系上不再給回應了。我去問助教，她有時說最近沒開系務會議，不然就直接說：「不知道。」拒絕，並不需給理由的，就這麼簡單。

不回應，你也沒輒。我很挫折，心裡開始在想：「是不是該放棄了？」

現在是早上九點鐘，我的微笑在哪裡？

跟系上奮戰了一學期，我寫報告、上報告，到處溝通協調，很累。結果，新學制只做了一點點修正，大部分都沒變。

其實，在別人的眼裡，我應該是最有本錢在師大唸博班的。因為我要修的學分最少，我是班上唯一沒有在外面擔任全職工作的人，沒有家累、沒有經濟壓力，同學老師們始終不解：為什麼我要那麼在意新學制呢？

但我深深明白：我在乎的，不只是外在體制，其實我更在乎的是：做為一位心理工作者（或是一個人），該有的自覺與主體性。**缺乏自覺與行動，人是死的。**但抗爭了一學期，我真的累了。

「現在是早上九點鐘，你知道你的微笑在哪裡嗎？」

有一天，在一本書裡，剛好讀到這句話。那時，正巧大約也是早上九點鐘。我在家裡，放下書本，走向陽台，望著窗外的遠山，發現遠山「不含笑」，因為我的「微笑」早已不在很久了。

怔怔地望著遠處模糊的山，也望著模糊的自己。無言。

有一天，跟一位好友說我的微笑不見了。朋友鼓勵我：「那就把它找回來啊。」朋友建議我去旅行。

那年寒假，我一個人漫遊在花東縱谷間，恍恍惚惚的。

有一晚，在山泉月色下，我泡著溫泉，望著明月，在深深的寂靜中，問著自己：「志建，你唸博班的初衷是什麼？」或許，找回初衷就找到答案。我這麼想。是啊，我是為了深化自己的敘事專業而唸博班的，不是嗎？「如果這裡給不出你需要的，那麼你還賴在這裡幹麼？」我的心，突然對我說。

「你的人生，不是為了博士學位而活，你得為你自己而活。」我的心又說。

靜靜地，躺在月光下，凝視著自己的不快樂，聆聽自己內在的聲音。我認真在想：「我是不是該重新再做一個選擇呢？」

人生無奈，但有選擇

為了找回我的微笑，我知道，我該「行動」了。但要做什麼呢？

下學期回到師大修課，我不再「上」報告了。同學們大概也有了心理準備，抗爭到此為止。大家繼續認命地活在這個體制下，哀怨、無解。

但我哪裡甘願啊，我的「任性」不會就此罷休的。縱使我撼動不了學制，但我還是想在堅固的體制裡，找到一絲絲的「縫隙」，好讓我可以自由的呼吸點新鮮空氣。

所裡每一學期都會舉辦一系列的專題講座，邀請學者專家演講，好讓系上同學老師接觸吸收多元的專業與實務。記得我唸博一時，就曾很榮幸被系上老師找去做了一場敘事專業演講。好，其實我想說的是，我動不了課程，那我總可以利用這個講座，來滿足自己多元學習的需求吧。

而且，既然這個專題講座是為我們學生存在的，我也很好奇，為什麼關於演講的主題與講師邀請，教授們為什麼從來不問我們學生的需要呢？或者是，我們研究生自己從來沒想過：我們可以為自己去爭取？（有時不是別人不給你，是你自己不敢要。問題出在自己）

好，我的「另謀出路」計畫又來了。

下學期我主動跟系上提出兩個人選與主題，我想邀請他們來系上演講（一個是資深教授張春興，一個是輔大教授翁開誠）。記得那時我去跟助教提出申請時，助教一看到我，那個表情似乎在說「喔，你又來了」，以為我不死心又來「上」報告。（哈）

等我說明來意之後，她鬆了一口氣，跟我說：「系上從來沒有學生主動來要求請哪位演講老師，你是第一個，一般都必須由教授做邀請的。你必須每一場去找一位教授願意擔任該場演講的主持人，我才有辦法幫你申請。」聽完後，我心想，這還不簡單。很快的，我找到了系上教授幫我主持，也請到那兩位老師來系上演講。這又是一個「創舉」。

記得當時一位博班學長開玩笑對我說：「如果你在師大待久一點，不知道助教會不會瘋掉？」哈。

言歸正傳。會想請翁老師來系上演講，是因為那幾年我醉心於敘事研究與實務，我參加過翁老師所帶的敘事工作坊，很感動。那次工作坊雖很圓滿，但也有讓翁老師感到挫折的地方。喔，我還記得那次上課情形，前兩天翁老師讓我們看了兩部電影做分享討論，結果課上到第三天中午，有位學員忍不住舉手問：「請問翁老師，你什麼時候要開始講敘事治療呢？」只見老翁臉上浮現「三條線」，很尷尬。

我當然可以理解學員為何會有如此反映，因為他們對敘事的理解恐怕大多出自於書本上，那時「敘事治療」剛進入台灣，很熱門，大家都感到新鮮與好奇。

「咦，書上講敘事治療不是有解構、問題外化嗎？怎麼你翁開誠都沒提到這些？為什麼只讓我們看電影？」學員不解。

敘事治療是講解構、問題外化沒錯，但翁老師的課，不是已經在「解構」傳統的上課方式了嗎？你怎麼看不到？

傳統的教育讓我們的學習大都停留在左腦的「理性思考」，認為學習的範本應該是理論、架構、方法、步驟，少了這些，學生無所適從，感覺抓不到重點。可惜的是，學習敘事的路徑，卻不是靠理性邏輯的左腦，而是需要靠感覺情感的「右腦」（這點後面會再詳細說明）。學習的路徑錯了，你再怎麼努力都沒有用，這是我這幾年帶敘事工作坊的最大心得。

我經常感慨，學敘事，你得會聆聽故事，你得「進入」到人的生命裡面去，這件事靠的是感覺、想像、直覺、感通的能力，那是一種同理心的能力。**「只有生命，可以抵達另一個人的生命」**，這是做敘事的要訣與精神，然而，很多人卻不解，因此儘管學了多年的敘事，依舊停留在「問話技巧」的練習，如此永遠進不了生命（敘事）的殿堂。

翁老師的敘事教導，回到敘事的本質，強調聆聽生命的基本功。當中，透過電影，我們學習同理、說自己的故事，先「疏通」自己的生命。如果你無法聆聽自己的生命，就不可能聆聽他人的生命。如果你要進入他人的生命，你得先進入自己的生命。這些，是傳統學院不教的，學校只教理論技巧。

那次課程，翁老師也大大地「解構」了我學敘事的腦袋。「魚在水中，卻要問水在哪裡？」傳統的理性學習，叫我們跳不出理論的框框，同時也看不見生命的本身。後現代強調實踐的知識，所有的學習，得從自身的生命經驗出發，去發展出一種「活生生」的生命知識。這是我在翁老師身上學到的，很不同於師大的學習。嗯，這就是我要的，我心裡明白。於是，帶著某種企圖，我想把翁老師的東西，引進師大。

另謀出路，找回我的微笑

那次翁老師的師大演講，師生來的人很多（之前我大力宣傳了一番）。我不知道他那次來師大的心情如何？近鄉情怯嗎？別忘了，翁老師也是出自師大，他是我的學長。

那天，他侃侃而談自己的學習歷程與生命故事，從他唸師大碩班、當專任張老師、後來去美國唸書、又如何接觸敘事等等，故事精采。

故事始終是迷人的，我聽得如癡如醉。尤其當翁老師說到有一天他在美國唸書，看到一篇文章講narrative（敘事）時，當場他興奮到大拍桌子，大叫一聲：**「這就是我要的！」**呵，表情深動，唱作俱佳。那一拍、一喊，撼動了我，叫進了我的靈魂裡。

「對，這就是我要的！」這句話彷彿一道閃電，嵌進了我的心。突然間，有個念頭冒了出來。

翁老師演講完不久，我打電話給他，跟他說：「你的故事觸動了我，我可以跟你約個時間，跟你聊聊嗎？」翁老師爽快答應了，然後我就走進了輔大。

那次去輔大翁老師的研究室，我跟他說故事，說我這幾年在師大的心路歷程，說到最後，相談甚歡，我突然跟他說：「我過來唸你們輔大好了，可以嗎？」記得那時翁老師笑笑的，望著我說：「可以啊，你考看看吧。」就這樣，那學期我悄悄地計畫著另一個「另謀出路」大計。對，我要跳槽。

同年六月放榜，如願以償我考上輔大心理博班（心理學研究所博士班）。很低調，沒讓其他人知道。直到暑假，師大博班一位要好同學給我電話：「志建啊，我怎麼在輔大心理所博班的榜單裡看到你的名字，這是你嗎？怎麼會同名同姓？」

我笑著，承認：「那是我。」

電話裡傳來尖叫聲（驚）：「喔，好過份喔，你要拋棄我們嗎？」

不知該說什麼，我只能一直笑、一直笑。

事後，據說我的離去，引起師大所裡師生不小的震撼與討論，但那已經不關我的事了。我，只是做我自己。

那一年（二〇〇二），告別了師大，我投向輔大。

我想找一片「天空」，讓我的生命可以在那裡自由地飛翔、奔放。我想找一片「沃壤」，好讓我的敘事可以繼續在那裡扎根、開花結果。師大給不了我的，我只好另謀出路。回首人生，我一路走來，不都是如此嗎？

補充說明

人生很多事是「適合、不適合」的問題，不是好壞的問題。

當年離開師大博班，是因為那個體制「不適合」我，它無法滿足我當年的需要，如此而已。或許，它適合另一個人也不一定。想在此做澄清，怕誤導讀者，這樣對我的師大母校系所並不公平。

老實說，我還滿懷念在師大的時光（尤其是碩班）。同時，也很感激當時鼓勵我、支持我並包容我的教授與同學們，沒有他們的陪伴支持，我想我的敘事專業不會發展得如此順利。

在此，合十，深深感恩。也想跟當年陪伴我人格與專業成長的師大師長同學們說一聲：**「謝謝你，我愛你。」**如果我的任性，有得罪誰，或叫人不舒服的地方，也請容許我說一聲：**「對不起，請原諒我。」**

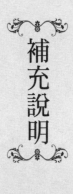

應境而修。人生，每一個「境」、每一個我所遇到的人與事，都是提供我「看見自己」的絕佳修行好機會。如今，我越看越明白。

到此，說完自己「任性」的故事，我不只看見自己的任性，也讓我看見自己生命的「韌性」。我不只看見自己的剛強，更看見剛強背後的「力量與堅持」。當然，我更看見了自己的自卑、限制與不足，但這些不完美，卻也讓我學習到：對待生命可以多一點慈悲、多一點包容。面對生命，必須謙卑。這些深深的看見與反思，都是在說完故事後，慢慢長出來的東西。

第二章

為什麼要說故事？

為什麼要說故事？
因為
我們得把自己
「認」回來。

1 說故事，是一種「再經驗」

你不可能給別人你身上所沒有的東西。
一切療癒，從我開始……

第一章**「另謀出路，我的生命故事」**，我從自己的生命故事開始說起。為什麼一開始要說自己的故事呢？這跟敘事的理念有關。

敘事裡有個重要的概念叫**「透明化」**（transparent）。敘事治療師不像傳統的治療師那樣，把自己當成「空白螢幕」一般，神祕、保持距離、不可親近。我們不是站在一個「專家」位置，以上對下的姿態去看人。相反地，我們是以一個有血有肉、活生生的「人」的生命姿態，去接觸人、理解人。因此，敘事治療師會誠實面對自己的生命，會去說自己的故事。這是實踐。

敘事很重視**「實踐」**，我自己做敘事，卻不說自己的故事，那很不一致，根本是騙人的專家。要學好一個學派，得把自己變成那個學派的樣子，光理解而不實踐，知識永遠在生命之外。而且這本書既然在談故事的療癒，我怎麼能光說我做個案的故事，如此還是「專家」的姿態，我想以身作則，先說說自己的故事。「成己成人」，如果說故事有療癒，那必定是從我自己的經驗開始。有位學者曾說：「經驗是最大的權威。」我完全同意。

說自己的故事，我其實就在「示範」敘事的說故事，同時也期待讀者可以從我的故事及生命脈絡裡，直接去理解敘事。故事是最好的教導，我始終這麼認為。讀完本書，你不但理解了我，或許你會立刻明白：「志建為什麼會做敘事這學派，喔，原來如此。」沒錯，一個人會走什麼學派，絕對跟他的成長背景、價值信念有關。我期待從故事中，你認識了我，也認識了敘事，更體驗到什麼是「故事的療癒」。說故事、分享生命，這是一種很美的敘事實踐，這也是我想推廣的敘事學習路徑。

「只有生命，可以抵達另一個人的生命。」我始終都這麼相信。做諮商也好，做教育工作也好，我都是用自己的生命在做這些事。這份態度，是不容打折扣的。

而且如心理學家吉姆所言：「**生命即是故事，故事即是生命**（life as story, story as life）。」說故事，本身就是一個生命的展現。當有人跟我分享他的故事時，其實他也在跟我分享他的生命，我們得當一回事，專注聆聽。

我始終認為：所有的療癒，都得從自己開始。在聆聽別人的故事前，我得先聽自己的故事。一個治療師必須先治療自己、先走進自己的生命，才能走進別人的生命裡。**「一個治療師自己走得有多深，他的個案也才能走得有多深。」**你聽過這句話嗎？因為「人不可能給別人你身上所沒有的東西」，一位有能力療癒自己的治療師，也才有能力療癒他人，這就是我說故事的理由。

我常跟很多想走敘事取向的學生說：「成為一位敘事治療師，你得好好說說自己的故事，這件事是無可避免、也無法取巧的。」如同，在成為一個精神分析師之前，你自己必須先被長期的分析一樣。

寫了長長七年的博士論文，我就是在實踐：說故事。說故事讓我進入自己的生命，療癒我自己。為什麼說故事就有療癒呢？因為**說故事是一種經驗的「再經驗」（re-experience）**。說故事不是無病呻吟、不是自艾自憐、更不是在自我炫耀，說故事是把過去的某個**「經驗」**帶到「此時此刻」，讓我們可以重新經驗它、理解它。

這裡所謂的「再經驗」，指的是當我們「再說」（re-telling）故事時，我們開始以新的觀點、角度，去看待過去、理解過去的發生，於是，過去的經驗就有機會被「翻新」，並帶出「多元」而非單一的新詮釋與感受。這就是故事的療癒力所在。

如果故事只能有一種詮釋方式，生命就被困住了。而當老故事得以「再經驗」時，就會幫助我們找到過往創傷經驗的**「新意義」**。意義是重要的，人是一個要意義的動物。生命中沒有一件事是白白發生的，每件事出現在我們生命當中自有它的道理、它的意義。我們需要找到意義，生命才能往下走。但這個意義不會自己跑出來，它必須透過敘說與重新理解，當我們**「反覆敘說」**（telling and re-telling）時，意義才會現身。找到意義，生命就有了出口，傷痛就得以療癒，於是我們就得以從舊傷痛中脫困，釋放自己，生命不再拉扯。

以下是我一位個案的故事。

小傑（化名）自小出身單親家庭，從小父親過世，母親獨立扶養他長大，他雖然知道母親很辛苦，但卻始終無法靠近母親，因為小時候發生過一件事，叫他始終耿耿於懷。

那年他十歲，有一次媽媽在外地工作很晚回家，小傑餓了，於是跑去偷挖鄰居的地瓜吃，結果被鄰居發現了，事後鄰居去跟母親告狀，母親很生氣，當眾狠狠地毒打他一頓。小傑說當年被打得皮開肉綻，雖然當年皮肉傷早已不見，但他心理的傷與痛卻永不消失。

如今，小傑三十歲了，現在當他再敘說這個故事時，兒時的記憶傷口卻還依舊隱隱作痛，不過，就在說完故事的此刻，他對當年的發生卻有了「新的領悟」。

他說他很心疼當年那個十歲小男孩，他明白自己不是壞孩子，那時會偷地瓜只因為餓了，那是一種求生存的本能。出生在一個單親貧困的家庭，母親需要出外工作，那是不得已的，他得學會照顧自己、讓自己活下去，於是他看見小小的自己竟然有照顧自己的能力。同時他也明白：當年母親毒打他，不是不愛他，那是為了給鄰居一個「交代」，表示她有能力管教孩子，她不能讓別人笑他是「沒爹沒教養的孩子」。事後母親給他擦藥時，一直掉眼淚。他很怨恨母親，很久都不跟母親說話，如今卻明白了，母親的眼淚是「自責與心疼」，母親自責自己讓孩子挨餓，自責讓孩子偷竊受辱，更自責自己打傷了孩子。

說完故事的小傑，對當年的事有了新的理解，於是終於擺脫了當年偷地瓜被毒打的羞愧、委屈與憤怒，這就是說故事的「再經驗」。透過這個「再經驗」，讓小傑回到了過去，把當年十歲受苦的小男孩給解救出來。

人生其實有很多無奈與苦難，這跟我們當時存活的社會大環境有關，敘事幫助我們做「脈絡性的理解」，於是我們對自己的受苦才能有慈悲與多元的理解。故事療癒，是來自我們對事情的寬容與理解，這就是愛自己。如同小傑說完故事後，決定放過自己、原諒自己，也原諒母親。誰都沒有錯。寬恕是最好的治療，這個決定不但幫助他從過去的傷痛中「脫困」，更使他得以重新與母親做連結。

小傑的故事應證了：透過說故事，我們得以「再經驗」並重新理解自己、療癒自己。這就是我們得說故事的原因。

2 說故事，是一種自我「看見」

沒有經過反省的人生，是不值得活的人生。
——蘇格拉底

如果不說故事，恐怕我一輩子都無法看清楚：自己是誰？

第一章裡，我說著自己一路求學的故事。過程中，我「看見」自己的任性，同時也「認回」我的任性。透過敘說，使我明白：在人生每個轉彎處，讓我可以絕處逢生，做出「另類選擇」動能的，原來是我的任性。這份明白，讓我變得更完整。

人可以不完美，但我們要「完整」。

說故事其實也是一個反思的歷程，如蘇格拉底所說：「沒有經過反省的人生，是不值得活的人生。」在還沒有給出語言之前，我們永遠不知道「自己是誰」。語言給出一種看見、一種明白。當我說完故事，我看見自己的任性，同時也看見它對我的意義：原來，它是我生命的動力，幫助我的人生敢走一條不一樣的路。

在沒學敘事之前，我老是以為有一個「固定的自我」，在生命底層、幽幽地等待我去發現。跟所有人一樣，我一直渴望找到自己、認識自己，期待靈魂的召喚、活出真我。但人生一路苦苦追尋，卻始終不得其門而入，後來才發現，那個遲遲無法現身的「自我」，原來就在我自己身上，當我開始說故事，於是他才隱然現身。

「我說、我是、故我在」，就是這個道理。

說完長長的故事，我這才明白：原來，從來都沒有一個「固定的自我」或「原初的自我」（authentic self）等待被發現。自我是變動的；自我，不是一個固定的東西，它是流動的。這是後現代的重要的概念，卻在我說故事時，才終於體會。

我體會到：「自我」，其實是在一次次生命的遭逢與經驗中，靠著自身與人們、社會、際遇的互動，逐漸「長」出來的東西。敘事的「社會建構」概念如此告訴我們，所以我們得說故事，不然看不見隱藏在多元複雜社會脈絡中的自己。

一個人對自己的認識，得透過「關係」，透過「他者」的映照，這是社會學的鏡子理論。因為，人是社會的產物。一個人的自我認同（self identity），是從人與社會互動、對話、行動中長出來的東西。如果不說故事，你更不會明白這個道理。

有一天，閱讀《與神對話》時，一句話從書裡跳出來，讓我思考良久：「生命並非一個發現的過程，而是一個創造的過程。」是啊，這些年長長的書寫，我所經驗到的，就是這句話。我在自己的故事裡，不斷地發現自己、經驗自己，但同時也在「創造」自己。怎麼說呢？

當我開始說故事，於是我開始理解自己，在說故事中，我會帶出新的靈感、想法、意念、感受，甚至新的行動。透過行動，於是我又創造了一個新故事。說故事就是如此，它是一個生命不斷開展的歷程。這個「自我」，在說故事中不斷地開展、蛻變、轉化。說故事讓生命得以「生生不息」。

我曾自問：為什麼我要說自己的故事，我想證明什麼嗎？

不是的。如蘇格拉底所言：人活著得反思，如此**「被檢驗過的人生」**，才是真正地活著。我清楚，我並不需要證明自己是什麼。我的「存在」，本身就是有意義、有價值的。當我說故事、可以發聲，就在宣示我是活著的，並具有主體性，這就是一種「自我存在」的驗證。

有一天，我看見神話學大師坎伯（Joseph Campbell）所寫的《英雄之旅》，裡面有一段話：「如果一個人最初沒有走自己想走的路，到了中年以後會有什麼樣的感覺？你爬到梯子的頂端才發現梯子放錯了牆。我想，當你碰到這樣的處境時，最需要的就是把牆打穿。」

當我看到這段話時，心一驚，因為剛好我已經是中年。走到中年，我感覺如何？我遺憾後悔嗎？我的梯子，有沒有放錯了「牆」？

還好，沒有。從我「另謀出路」的故事裡，我知道，我沒有。如果有，那麼我一定如作者所說的：**我穿「牆」而過**。

說完故事，我於是看見：我的人生，一直在穿牆。

穿牆，是一種能力，也一種動能，而讓我擁有穿牆本事的，就是我的任性、我的剛強。說完故事，這才深深明白。

其實，牆，始終都在的。人生旅途中，處處是「牆」。

牆是我們的恐懼、習性、僵化的價值信念。它來自社會文化、主流價值與過往的舊經驗。牆，阻隔了我們與自己相遇，阻礙了我「成為我自己」。如果不說故事，你就看不見。看不見，人就四處碰壁，把自己撞得鼻青臉腫。

這一路走來，說著自己的故事，我彷彿看見自己，拿著一把斧頭，一路披荊斬棘、穿牆打洞。我很被這樣的自己所感動。

於是我明白了，說故事幫助我找到生命的出口，我想，這就是我說故事的目的吧。

3 說故事，轉化痛苦之身

幾乎每個人的能量場中，都帶著累積已久的過往情緒傷痛，我稱之為「痛苦之身」。

——艾克哈特．托勒

說故事，其實是一件很煎熬的事。

我們不容易開口，除了文化給我們的「噤聲」枷鎖以外（家醜不可外揚），最主要還是：那個經驗，太痛了。面對過往的傷痛，常常叫人有想逃的衝動。之前論文拖了很多年，原因就是如此，好幾次都想放棄，我常跟自己講：「算了，不要寫了。」

那時，我常常跑去跟我的指導教授老翁（翁開誠老師）抱怨說我寫不下去，太痛了。老翁鼓勵我，說這是「轉大人」（成長變大人）的歷程。

他說有一種痛叫**「成長痛」**（growing pain），就是青少年在成長過程中，「轉大人」時，因骨頭在發育，身體就會莫名其妙的痛，這是身體發育的必經歷程。成長就是會痛，他要我不要輕易放棄。

不要輕易放過每一個「痛」。說完故事後，我才懂了這句話。

艾克哈特・托勒（Eckhart Tolle）在《一個新世界》書裡，給「成長痛」另一種說法，他稱之為「痛苦之身」（pain body）。他說：「人類有讓情緒恆久存在的傾向，所以幾乎每個人的能量場中，都帶著累積已久的過往情緒傷痛，我稱之為**『痛苦之身』**。」

這痛苦之身的「痛」是怎麼來的呢？

托勒說的好：「痛苦之身的本質並不是個人化，它繼承了無數人在人類歷史上所受的痛苦，包括持續不斷的種族戰爭、奴役、掠奪、強暴、虐待，還有其他形式的暴力。這些痛苦還是存留在人類集體的心靈中，而且每天都還不斷地增加。」我喜歡這個靈性的解釋。這個痛，有它的歷史性與集體性，並非全然的個人經驗。或許，它也並非只是來自今生的經驗。

我的博士論文寫自己成長的故事，有時，很痛，邊寫邊流淚。但說故事讓我擁抱真實的自己，也擁抱我的內在小孩。漸漸地，我發現：那個痛的源頭，其實來自某種**「社會集體性」**的壓迫與箝制。

人是社會文化的產物，自我（self）是被社會建構的。於是，一個人的故事，也是社會的故事。**「一人故事，即眾人故事」**，這也是敘事的重要概念。

長久以來社會上各種形式的壓制與暴力，壓迫著我們，叫我們活得很辛苦。透過說故事，我們才能揭開主流敘事的壓迫內幕，看見自己如何處在這個脈絡當中的艱辛與生存的力量。

去年一部叫好叫座的電影「姊妹」（The Help）就是在講這件事。

當時一群被壓迫的美國黑人幫傭婦女，透過發聲、說故事、出書，於是她們終於被看見。發聲，讓她們被自己看見、也被社會大眾看見；說故事，讓她們得到理解、支持與共鳴，也使她們的生命變得強大有**力量**。你真該看看，電影最後一幕，那個黑人女傭從雇主家裡走出來的樣子（她被解雇了）：她抬頭挺胸、表情堅定、充滿自信，此刻，這個人，好有力量、好有尊嚴，宛如巨人一般，叫人尊敬。

《心靈祕徑》一書裡，楊蓓曾說過：「很多人在自我探索的這條路上，欠缺的就是『文化探索』這一塊。當自我整合到達一個階段時，應該把那個『我』放回到原生的文化脈絡裡做理解。」說完故事，我才理解到我的母親是一個活在父權社會、貧窮匱乏的農業時代的女人。在那個重男輕女的社會裡，母親是一個被嚴重物化、工具化，需要不斷地靠勞動來求溫飽生存的勞動階級。說完故事，我才理解了母親的剛強，原來是來自社會環境的性別壓迫。是啊，在那個匱乏的年代裡，為了求生存，女人不得不「剛強」，這是母親活下去的動力。

其實我們都是「金魚缸」裡的魚，不管你怎麼游，周遭總有個玻璃缸擋著你、限制你。在大環境的限制下，人的生存空間被擠壓了，於是，我們不得不用自己的肉身，去衝撞那個厚厚的玻璃缸。剛強就是這樣長出來的，母親如此，我也是如此。

透過說故事，讓我看見母親的剛強與壞脾氣背後的社會文化脈絡，也讓我明白：原來剛強是她求生存的利器。因此，我對她產生更多的心疼與寬容。

第一章「另謀出路，我的生命故事」的故事裡，說到我唸師大博班時，因不滿學分體制，不斷地連署上書陳情，那也是一種衝撞，我在衝撞以心理師為體制的諮商教育。這個衝撞，背後就是剛強。

二〇〇七年，台北心理師公會想要發展心理師「次專業認證」一事，被我堅決反對。因為證照是資本主義的產物，這個專業標準化的歷程，其背後是一種掌控，這可能造成諮商專業的壟斷與霸權，並影響到未來台灣心理師養成的畸形發展，從此以後，我們「只看證、不看人」，這絕非台灣諮商心理界之福。當時很多人不明白，我只好發聲，去說明我反對的理由。

經過半年不斷投書發聲，跟公會來回溝通，並連結其他心理師一起陳情，最後終於阻止了這件事的發生，這在當時心理諮商界很轟動。你看，我又在衝撞了。我在衝撞「證照化」這個主流價值。衝撞的背後，有我對後現代人文價值理念的堅持，更有我的剛強。雖然衝撞讓自己傷痕累累，但我不後悔。

說完故事，讓我看見自己身上的剛強，也明白了剛強的價值與力量，這個看見，轉化了痛苦之身，並療癒我的傷。如果沒有任性、沒有剛強，那我就失去另謀出路的本事，更無法成就「今天的我」，這件事越說越明白。

然而，很不可思議的是，當我的剛強能被我如此理解並接納以後，內在深處有一個柔軟的東西，卻也同時緩緩升起。那是慈悲。

說故事，讓我學會以愛與慈悲來看待生命，也讓我開始擁抱自己的痛。因為擁抱，使我變得柔軟。說故事就是一種自我擁抱，沒錯，這樣的擁抱，具有療傷的力量。當我擁抱自己時，我於是也漸漸長出了力量，可以去擁抱他。故事就是「成己成人」的心靈良藥，確實如此。

4 故事，是一種生命知識

知識，不是固定嵌在教科書裡的東西。
存有的真理，就在是日常生活當中，
知識，就存在自己的生命體驗與行動當中。
——海德格

近年來，有越來越多的研究生想寫自己的故事。寫自己的故事（自我敘說），也算是一種知識嗎？這是經常被挑戰的話題，尤其在早期以量化為主的科學理性學術研究眼裡。雖然故事敘說知識的「合法性」不斷被質疑，卻也不斷被確認。如海德格所言：「存有的真理，就是在日常生活當中。知識，就存在自己的生命體驗與行動當中。」

夏林清老師在《反映的實踐者》一書的譯序裡，說了這麼一段話：

「隱喻」與「故事」的使用，是尚（Schön）在反映性對話中引領對方反身辨識自己之認識方式的入口。如果不是「隱喻」與「故事」，我的博士論文絕對完成不了。Schön於指導我的論文過程中，採取一個明確堅定的立場——要求我只要「單純地寫一個故事」（a purely story，Schön的用語）。

好一個「單純地說故事」。為什麼要說故事？因為「透過故事，可以給出自我知識與行動知識」，我的指導教授老翁（翁開誠老師）也這麼告訴我。

但要「單純地說故事」，可不是一件容易的事。為了寫博士論文，我開始說著自己的故事，不斷地說、不斷地寫，當中停停寫寫，我就在經驗這個「單純地說故事」的歷程。這個歷程很挑戰、也很痛苦，但我卻在說故事中，看見自己、經驗自己，並獲得所謂的「自我知識」。

說故事，是一種「轉身」，一種反身自照。這種看見，就是「自我知識」。

說完故事後，我突然看見自己在社會文化脈絡中所開展的樣貌，也看見這幾年自己在敘事實踐中所產生的「知識」。如同社會科學家麥克・懷特（Michael White）所說：「我們不可能直接認識世界，人所知的生活是透過『活過的經驗』（lived experience）。…所以，若要創造生活的意義，表達我們自己，經驗就必須『成為故事』。『成為故事』這件事決定了我們賦予經驗的意義。」

讓自己的經驗「成為故事」，就是要你「說故事」。

什麼是知識？知識的存在目的，不就是為了幫助我們認識真理，理解生命，不是嗎？那為什麼故事是知識？因為說故事，讓我們對生命經驗得以「再經驗」與「再理解」，當我們能對生命產生新的領悟時，我的生命就得以前進，你能說它不是「生命知識」嗎？這種「生命知識」就藏在故事中，所以你非說不可。

如同我說完故事，於是我看見自己生命的任性與剛強，並得以重新理解他們對我生命的意義，產生這樣的「生命知識」，不但讓我領悟到自己生命的價值，更讓我的生命變得更完整。反之，如果我的經驗沒有「成為故事」，那麼我的任性與剛強，就會成為一種單一、負向的理解。這樣的理解，不但對我的生命毫無貢獻，而且還會奪走我的力量。

說故事，是一種發聲。發聲是一種「行動」，行動就產生力量。說故事這個「行動」，不只讓我的經驗得以「轉化」成自我知識（新理解），同時這個行動正是我生命的自然「展現」，當中更「開展」我的生命。說完故事，無形中讓我的生命也長出了一些新的東西，譬如慈悲、包容、勇氣與行動力等。

說故事，也是一種自我探索、療癒的歷程。每次的書寫行動，一次又一次的把自己掏出來，重新看見，重新理解，如此幫助我視框轉移，也讓我內在的傷痛，得以漸漸消融，這個歷程是一種生命的「操練」。透過說故事的操練，我讓自己更趨完整，也讓我「更像我自己」。

於是，我更加確認：「敘說」本身就是一種「知識」。**它是一種實踐出來的知識。**它所展現的方式，不是靠閱讀文獻、編輯整合，它是一種「閱讀自己」的深功夫。透過書寫的行動，我「閱讀」自己，也不斷在行動中反思、辨識，看見多元的自己，於是，漸漸地長出了一個嶄新的自我。這個歷程，就是一種自我治療。

當我被療癒以後，自然就產生了力量與行動。這幾年，讓我有能量帶領私塾，並對證照一事勇敢發聲，這些實踐的動能，或許就是來自於我不斷的「說故事」。於是，我體驗到：敘事就是一種行動，一種治療，它也是一種「知行合一」的知識。

說故事，是一種「知行合一」的心理學知識

如老翁所說，故事敘說的精神就是：「我，我說，我感，我是，故我在。」說故事，不但彰顯人的主體性，它更是一種「成人之美」。所謂的成人之美，就是透過故事敘說，使自己「成為」一個人，一個「完整的人」。

但說故事、聽故事，需要一種美感，「以美顯善、以美啟真」，這是故事的迷人之處。這一路的故事敘說，我就在體驗「故事如何帶出生命的知識與美感」這件事。說故事，不單是讓我重新理解自己，也讓我從生命的困境中，看見生命的美。以「欣賞」的眼光看待生命，這是敘事治療很重要的視框與態度。

同時，說故事也幫助我們看見生命內在某些幽微的東西，那種「幽微的東西」，通常就是生命中難以言說的**「默會知識」**（tacit knowledge）。

生命的默會知識，透過敘說、實踐、深刻反思、再實踐、再敘說，在這樣的反

覆歷程中，得以逐漸被看見、被彰顯。這也是王陽明所說：「知之真切篤實處即是行，行之明覺精察處即是知。」也是海德格所言的「存有的真理，就在是日常生活當中。」知識，就存在自己的生命體驗與行動當中，生生不息，這就是後現代對知識的相信。

老翁有一堂課叫「敘說與實踐」。課中，他強調敘說的本體論、知識論、實踐論，三者一體，不是切割的。他始終認為敘說（narrative）不僅是一種治療理論，也是一種教學方法與研究方式。經歷了博士論文的書寫，我見證了老翁的說法，敘說知識是一種在敘說與實踐中開展出來的東西。這種知識，是活生生的，是流動的，它是一種「知行合一」的生命知識。

生命故事到底是一本文學小說？還是學術論文？我想都是。但這是什麼並不重要，重要的是，你如何通過故事，看見其中的「道」（知識）。

要理解「故事的知識」，讀者必須學習：從故事中帶出一種「反身映照」的看見。這樣的自我看見，就是覺知覺察，我覺得那就是一種修行。

生命之道（知識），不是藏於經書本身，而是展現在閱讀者能夠回扣到自己的生命經驗裡去看見、去反思、去實踐，這就是故事所給出的「道」。

不管是這本書或任何一本自我敘說的論文，它想要展現的知識論及敘說意義，就是如此，期待讀者也可以理解、看見並明白。

5 說故事，創造了生命的連結

在長期的孤單裡，
透過故事，我找回了人與人的連結與親密關係。

從小我就喜歡聽故事。

記得小時候住鄉下，那個年代電視才剛出來，是奢侈品，家裡買不起。沒電視的夜晚，一群小孩就在門口的曬穀場裡奔跑玩樂，圍著外公聽故事。外公很會說故事，從三國演義說到白蛇傳，無奇不有，聆聽外公說故事，是兒時重要的回憶與餘興節目。

外公其實沒唸過什麼書，他的故事，幾乎都是從看歌仔戲獲得的，這是以前農業時代勞動階級獲得知識的重要來源與方式。而我，生長在一個五、六〇年代、低社經地位、勞動家庭，這個沒唸過幼稚園，家裡也買不起童話故事書的窮小孩，就是靠著外公說故事，獲得知識的。這也是我童年學習的唯一管道與來源。

不只如此。後來我才明白，故事對我還有一個更重大的意義：**故事，它創造一種「關係」的連結**。

啊！我多麼懷念小時候的夏日夜晚，大人、小孩一起圍坐在曬穀場中，開心地吃著西瓜、說說笑笑，聆聽外公說故事的溫馨時刻。這是小時候，我唯一感到「不孤單」的記憶。

故事，連結了我與家人的關係，維繫我與外公的情感。**「失去故事，人與人之間就失去寶貴、豐富的聯繫。」**——對《沙發上的說話課》作者理查．史東（Richard Stone）的這句話，我深有同感。於是，我終於理解了自己對敘事為何如此著迷。原來，我想找回一種原始的「說故事的生活方式」，這是我小時候的夏日夜晚，一群人圍著外公說故事的美好景象。在長期一個人的孤單裡，透過故事，我找回了人與人的連結與親密關係；在故事的連結中，讓我產生歸屬感，並帶給我安穩生命的力量。

從小，我就很孤單。

我是在鄉下長大的孩子，我生長的年代是一個貧窮的時代，生活很貧苦，多數人都活在生存焦慮中，我的家庭也是如此。小時候父母親因忙著出外賺錢養家，無暇管我，我常一個人在家，很自由，也很孤單。

因此，當我可以找出「小時候外公說故事」的故事時，這個故事，創造了我孤單生命中的**「例外經驗」**，它讓我看見小時候的我，曾經因為「外公說故事」，而擁有了與人連結的溫馨片刻，這個經驗的「再現」，如此滋養著我的生命，也重新讓我找回生命的歸屬感。

說著說著，於是我進一步明瞭了：原來我會成為一個敘事治療師，我會有濃濃的興趣去聆聽別人的故事，這背後強大的心理動力，原來是，我想創造一種「連結」，一種人我之間情感的連結。因為這樣的連結，讓我的生命不會感到孤單。

是的，是這樣沒錯。心理治療本身其實就是一個既私密又親密的行為，別人在你面前說故事，掏心掏肺、又哭又笑，把最真實的情感都暴露出來給你看見，那個時刻，人與人真實的面對，這是多麼珍貴的親密時刻呀。

然而，我更發現：在別人的故事裡，同時我們也看見了自己。故事不只連結我與他人，更連結了我與我自己，當我與內在心靈相逢時，此刻便創造我與自己的親密時刻。

諮商中，我與個案的生命深深交流著，在那個親密時刻，我與我的個案都不再孤單了。故事不只療癒案主（說故事的人），它也療癒了我（聽故事的人）。我想，這就是故事的療癒吧。

6 說故事，找回我的本性

原來，在敘事裡，我想找回的
是自己失去已久的自由與野性，這是我的本性。

在好幾年的論文書寫說故事中，我漸漸明白了一件事：原來，敘事就是我的「本性」。我在實踐敘事，其實也是在「盡」我的性。敘事，是一個幫助我「回歸真我」的歷程，怎麼說呢？

我是一個鄉下長大的野孩子，家貧，沒上幼稚園，一天到晚在田間打滾，爬樹、抓蜻蜓、玩泥巴，每次都玩到天黑才肯回家。

進入小學，也是進入社會規範牢籠的開始，一開始我當然很不能適應學校的群體生活與規範。那時，我功課不好、家裡貧窮，美術、勞作沒有一樣比得上同學，我絕對不是老師心目中的好學生，老師不太注意我，沒有被看見讓原本自卑的我更自卑。

自卑是因為我覺得我跟大家都「不一樣」：家貧、功課不好，每一樣我都比別人差，自卑讓我很想跟大家一樣，也讓我很想得到老師的「認同」。

於是，漸漸地，在體制的「馴服」下，我的野性慢慢消失了。我努力當一個老師喜歡的乖學生，努力把自己「塞」進某個價值的框框裡，希望可以變成別人希望的樣子。慢慢地，我越來越優秀，功課越來越好，但也越來越不快樂。因為，我離自己的本性也越來越遠了。這是一個「失真」的年代，其實每個人都一樣，所以我們都不快樂。到了中年，生命突然有一種呼喚，突然很想回歸真我，做回自己的樣子。這點，敘事幫了我很大的忙。

後來，因為說故事，重新看見自己的真面貌，讓我找回自己的本性。我終於明白：原來我的「任性」，就是我的「野性」。我像拼圖一樣，把自己拼回來了。說了小時候的故事，幫我找回了自己的野性。

從實踐敘事中，創造屬於自己的敘事

我說故事，就是在實踐敘事，敘事不只幫助我找回原始的自己，更讓我從自己的本性出發，創造屬於自己的敘事。

我做敘事，絕對不是「照本宣科」，去複製大師們的理論或經驗，學任何學派都不該如此。做諮商，我們面對的是人、是生命，生命是活的，不能拿理論硬梆梆地去套用。心理治療其實是一門藝術，它也是活的，它需要創意，不是機械式的去操作。我很喜歡敘事尊重每個生命的獨特性的精神，它強調：**「沒有唯一的真理」**，這句話深得我心。敘事，它教會我做回自己，認回自己的獨特性，做回「偏好」的自己。於是，我做的敘事，也充滿了我個人的特色。

敘事絕對不是一個「固定的」東西，它是一種價值、一種態度。這幾年，我做敘事，但不執著於敘事，我保持開放的心，接受各種可能。在敘事實踐中，我不斷地看見自己生命更多的可能，也認回自己的美好與不完美。

於是，順著我的本性，這幾年我的敘事開展出一條新路，這條路，有別於麥克・懷特、吳熙琄老師或老翁的敘事。我的敘事，很「故事」（這句話的意思是我在教敘事、講敘事的方式，盡量不從艱澀理論切入，我是用「說故事」的方式講我的「敘事實踐」，讓別人懂敘事。就猶如這本書一樣），而且漸漸多了「靈性」的東西在裡面。（關於敘事靈性觀點，或許會寫在下一本書裡）

我的敘事，是實踐來的。透過長期接案、私塾運作、我的發聲及不斷地說自己故事，慢慢地醞釀出屬於我的敘事。這樣的敘事，很在地、很個人、也很獨特，敘事的核心價值就是要人「做自己」，現在，我已經實踐這件事了。

我的敘事風格，跟我的人格特質、生命本質絕對有關。這幾年，我的敘事漸漸走向靈性，或許真的跟我「本性」有關。從小，我就是一個很不一樣的小孩。小時候，我經常一個人獨處，聽不見旁邊人跟我說話，並常常喃喃自語（其實是在跟某個時空的靈魂說話），更多的時候，我是一個人孤伶伶坐在田埂邊，望著天空，發呆一整天，卻不感到無聊。我很自閉，很孤獨，卻不寂寞。我的生命裡有「一塊」是別人無法懂得，有時連我自己都說不清楚的東西，這些年，我漸漸在探索這一塊，彷彿走進自己生命的荒野中一般，雖迷人，卻讓我恐懼又喜悅。

行至中年，除了喜歡透過故事與人連結之外，我越來越享受一個人的時光。我喜歡打坐，冥想，喜歡閱讀各種的靈性書籍，更經常一個人獨自流連在大自然的荒野中，做這些事，叫我感到很享受、很自在。

不知何時開始，我的諮商與敘事工作坊也越做越「靈性」了。還好，敘事是一個「活知識」，它沒有一定的標準答案，它允許我們對自己的助人工作發揮創意，讓我們加入自己生命的獨特與美好。

敘事永遠在欣賞與創造生命更多的可能性，這是敘事迷人的地方。敘事大師麥克·懷特就是這樣在實踐敘事的，我最欣賞他的一點是他的包容力很大，他很欣賞別人的「不同」。很多歐美治療師跑到澳洲跟他學敘事，然而當他到歐美講習時，卻仍特地拜訪這些治療師，想知道他們是如何創造出「不一樣」的敘事在地實踐經驗。他總是帶著欣賞去讚嘆別人所做的敘事，儘管做的跟他不一樣。

盡性人生，做回自己

當自己的生命走到了秋天的季節，如今回首，不憂不喜，十分坦然。這份坦然，來自「說故事」。

故事，如同電熨斗一般，燙平我混亂的心。說故事，帶出一種安穩，叫我的生命越走越自在。

透過長長的故事敘說與書寫，竟然幫我耙梳出一條安頓身心的路。說故事是我的修行，於是，我慢慢感覺到生命裡有一種篤定，對自己與他人的生命，也產生更多的禮敬。關於生命之「道」，我漸漸領會，這個「道」，在故事敘說中，隱隱浮現。

我跟老翁說，說故事的歷程中，讓我看見自己生命有一種**「開展」**。這個開展從點、到線、到面，最後成為立體，被我看見與欣賞。我解釋道：

> 這本論文，是從「說我自己的故事」開始的，從這個「點」，往下探。然後，如同掘井般、越挖越深，最後挖出一窪活泉。活泉滋養我的身心後，我才開始有力量與人連結，產生關係。於是，點與點之間，連結成一條「線」。
>
> 後來我又不斷說著母親及自己的家庭故事，在線與線之間、不斷地接續重疊，也繼續擴張。接著我創立私塾，建立一個說故事的「社群」。我連結了社群，並讓社群成員彼此產生對話與再連結。到最後，我對公會發聲，進行一種「社會參

與」，我的觸角伸展到與社會體制面的碰撞。從點、線、面，到最後拉出一個立體的生命空間。生命在故事敘說的實踐裡，越來越豐厚，也越有力量。

這幾年，我的敘事走向靈性，我的生命也漸漸與天地、宇宙連結。我不知道該怎麼形容這件事，唉，有點難。總之，我的身心、閱讀、敘事教學，自自然然地走向某種靈魂感通之路。近年來，我感到自己的身心，有一種「綻放」的疏通與暢快。生命，不悲不喜，越走越安穩、越自在。

老翁張大眼睛聆聽我的「生命發展」，興奮地說這是**「盡其性」**。他引用《中庸》的一段話來回應我這個歷程。他當場唸給我聽：「唯天下至誠，為能盡其性，能盡其性、則能盡人之性，能盡人之性、則能盡物之性，能盡物之性、則可贊天地之化育，可以贊天地之化育，則可以與天地參矣。」

用《中庸》的話，老翁詮釋了我的這段生命歷程。果真如此？我也不知道。但這幾年透過實踐敘事、說故事，我確實是在「盡我的性」沒錯。當我把自己的任性與野性，統統認回來，當我接受「對，我就是這樣的人」時，生命裡原本卡住的東西，就通了。

我發現：當我越來越能「如其所是」時，生命就越來越放鬆。放鬆，並不是一件容易的事，對我而言。過去，我活得好緊張。

經過長長的書寫，讓我張牙舞爪的生命，得以漸漸安歇。故事如同激流沖刷巨石一般，帶出一種生命的洗練。此刻，我感覺生命像荷葉上的一滴露珠，清靜、安在。我想，活著，能如此「安是」，這就夠了。

第三章

語言的力量

語言可以傷害、毀滅一個人；
語言也可以激勵、造就一個人。

1 語言的激勵力量

語言不光是語言，它不只是一個表達工具，語言的背後，是一種價值，是一個文化。

人其實是很脆弱的。有時候，一不小心他人的一句話就把我們給深深刺傷，叫我們耿耿於懷一輩子。真的不要忽視語言的力量。

曾經有一位女性個案跟我說，她唸大學時，有次外出跟男友約會，女人都愛美，那天她穿了迷你裙、透明的黑色網襪、化了點妝，開心地準備出門，經過客廳時，坐在客廳看電視的父親，突然轉身劈頭就罵：「妳幹麼穿得跟妓女一樣！」這話殺傷力很大，她當場嚇呆，覺得被羞辱，氣得奪門而出。

這句話讓案主很受傷，她記了一輩子。直到今日，她依然無法好好跟父親說話，一直跟父親保持疏遠。理性上她雖然知道父親是當老師的，觀念傳統保守，並無惡意，但那句話，卻像一根毒針、一把利刃，深深刺進心裡，讓她無法忘懷，痛苦了一輩子。

這種例子太多了，「語言暴力」充斥在我們每天的生活中，每個人都有被傷害過的經驗，不是嗎？你還記得曾經哪一個人說了什麼話，傷過你嗎？請你把它認回來，不要否認，不然它會跟你糾纏一輩子。雖然那句話早已經過了，但在你心裡，卻永遠過不了，是不？

同樣地，我們也得當心自己給出的語言。根據研究，曾經遭受暴力的人，長大後也很容易對他人暴力相向，暴力是透過學習而來的。不管是肢體暴力或語言暴力，都傷害他人於無形，甚至造成一輩子無法彌補的遺憾，我們真的要小心，不要重蹈覆轍。

語言是有力量的。語言可以傷害一個人，但也可以造就一個人。請你相信：語言不光是語言，它不只是一個表達、溝通的工具，語言的背後，更是一種價值，一個文化。你如何使用語言，絕對跟你背後的價值信念有關，我們得謹慎小心，覺知覺察。

敘事是一個善用「語言」的學派，我們深知語言的力量，因此敘事治療師會對自己所給出的語言戒慎小心。**我們經常會反思：我所使用的語言，是在「限制、貶抑」案主的生命？或是在「開啟、豐富」案主的生命？**這樣時時檢視與反思是有必要的，不然「助人」不成，反而是在「害人」。

哪些語言會限制、貶抑他人的生命呢？「批判、論斷、標籤化、否定化、太絕對化」的語言，就是如此。熟悉吧？

哪些語言可以幫助人開啟更多的生命空間，為生命創造更多的可能性呢？「肯定、欣賞、善意、真誠、真實、好奇的、開放性問話」等等都是。你給出這樣的語言，自然可以幫助到人。

語言的使用，不但決定了你跟他人人際關係的好壞、親密遠近，更可能影響人一輩子的命運走向。有那麼嚴重嗎？不信，我再說個故事：

從前在美國南部鄉下，一天傍晚，一個小男生在自家的院子裡對著月亮，開心地一直跳、一直跳。

媽媽走出房門，問小男生：「你在幹什麼呀？」

小男生指著月亮，興奮地說：「我要去月球！」

媽媽笑著說：「很好啊，但你要記得回家吃晚餐喔。」

據說，這個小男生長大以後，真的上了月球。

他就是阿姆斯壯——第一個登陸月球的美國人。

我在想，如果當時他的母親沒有用這種輕鬆的方式接納男孩的天真，而是用批評、恥笑的方式去回應他（「你神經病啊，趕快給我回家」），那麼，還會有後來登陸月球的阿姆斯壯嗎？

這個故事應證了敘事的理論：**「語言不是反應真實，語言是創造真實。」**

記得本書第一章裡，我寫自己另謀出路的故事嗎？我提到小學的我功課很差，但上了國中以後，功課卻突然進步一事。

我也在想，如果當時沒有班導陳明雄老師那句話：「你看，只要努力，成績都會進步的，就像周志建這次考了一百分。」我想，我的功課後來絕不可能突飛猛進的。

一個十三歲的小男生，每天清晨四點鐘自己可以自動自發起床唸書，這需要何等的毅力與決心啊。我做到了，只因老師那句肯定的話。你看，語言多麼有力量，多麼可以激勵人心，老師的一句話，開啟了我生命新的可能，這就是活生生的例子。這種例子，不勝枚舉。

台灣知名的廣告企業家白崇亮出過一本書《勇於真實》。這本書寫他的成長歷程的故事，很精采。書中白崇亮提到，小時候自己就沒有了父親。他的父親是當時知名導演，在二二八那個年代被誤認是政治犯關進牢裡，從此就沒有出來。在父親要被槍決的前夕，小小的白崇亮被帶到牢裡見父親最後一面，當時父親一看見兒子，很開心，立刻轉頭跟旁邊的獄友說：**「這是我兒子，他以後一定有出息。」**

這句話，是父親生前送給他的最後一份禮物。

這句話，深深烙印在白崇亮的心裡，最後成為真實。

白崇亮從小學到大學畢業，功課都是名列前茅、品學兼優，深受師長們喜愛。出了社會，更是認真努力、一路爬升，最後當了董事長。他成功的故事羨煞很多人，但你可能不知道，這份努力與成功，來自小時候父親種的「因」，只因為父親那句「他以後一定有出息」深深烙印在他的心，最後終成事實。

我常用這個例子提醒很多父母，你能給孩子最好的禮物，其實就是一句肯定的好話罷了，這比你送他房子金子，都還要來得珍貴有價值。

一句好話的背後，是祝福的象徵，它代表著你對孩子的信任及深深的愛。

相信我，所有的孩子，一輩子所衷心渴望的，其實很簡單：就是得到父母的愛與祝福。當我們可以得到父母的愛與認同時，生命就安穩了。這是我做諮商工作多年，最大的心得。

說到這裡，又叫我想起另外一個自己的故事。

當年我在師大唸博班時，已經到處舉辦敘事工作坊。有一次，某課堂裡我做了一份有關敘事的報告，分享我做個案的敘事實踐經驗。下課後，那位教授在走廊攔住我，笑著跟我說：**「以後你一定會很出名。」**當下一聽，我傻住了。對於能被如此看重感到很意外，也很受寵若驚，開心不已。

後來發現，這句話竟是這十多年來，持續推動我做敘事的強大動力之一。不是說我多麼渴望成名，這動力來自這句話背後那份**「看重與信任」**。每個人都需要被看見與被認同的，這是人性，你不能否認。

語言可以毀滅一個人，也可以造就一個人，你要「造口業」？還是要「積善德」？全在一念之間，看你怎麼選擇。

2 語言的靈性力量

所有你給出去的東西，都會回到你身上，不偏不倚。

語言的背後，潛藏著每一個人內在的意念、渴望、動機，語言不光是單純的語言，語言是有生命、有能量的。我這幾年做敘事，更發現語言的精妙之處，是它帶出某種神祕的靈性運作，叫人改變於無形中。我試著說說看這種不太好說的語言靈性力量，盼讀者可以體會一二。

在《失落的幸福經典》這本書裡，作者佛羅倫絲・辛（Florence Scovel Shinn）說：「人只會收到自己給出去的東西。人生遊戲是一場有如迴力鏢般自作自受的遊戲。人的思想、語言、作為，早晚都會回到自己身上。」這句話有如佛教講的因果輪迴，你給出什麼，就得到什麼，「種瓜得瓜」，你相信嗎？

我十分相信。有太多的經驗，叫我不得不信。

十幾年前，一位研究生告訴我：「我對敘事治療很有興趣，我想參加你的工作坊，但我沒錢……」我告訴他：「沒關係，你就過來，我不收你的錢，或等你以後有錢再給我就好。」我很清楚自己的定位。我是做教育的，我不是商人，我願意栽培有學習動機的學生。很奇怪，不久之後自然就有機構會找我去講課，於是我的收入立刻增加好幾倍。這種例子，多不勝數。

你給出善意，就得到善意；你分享金錢，就得到金錢。不管是語言或作為，都是如此，生命有如「迴力鏢」。**「所有你給出去的東西，都會回到你身上，不偏不倚」**，這個靈性法則，你不得不信。

所有的發生，都源自內在，都是我們自己主動創造出來，它絕對不是被動的發生。「我們創造了自己生命的實相」，這個說法，你或許聽過。前幾年有一本暢銷書《祕密》，裡面有個重要觀念叫**「吸引力法則」**，意思是：所有發生在你身上的事，都是被你自己「吸引」過來的，透過你的意念、渴望及語言，你創造自己生命的一切。換言之，每個人都是自己生命的導演、編劇、演員，你的人生劇本，是你自己創造的。真的嗎？不信，我再告訴你一個故事。

有一天，一位個案K跟我分享一個很精采的故事。這個故事是他的導師、一位P教授告訴他的。

P教授唸高中時，就讀某間明星高中，學校當時有個特別的規定：只要工藝這科被當，你就會被留級，其他科再好都沒有用。而當時他們的工藝老師嚴格出了名，老想當學生，讓學生被留級。

高一期中考過後，有一天P突然被工藝老師叫去辦公室，工藝老師大聲對他說：「某某某，你完蛋了！這次你只考三十分，期末考無論你再怎麼努力也沒有用，我一定會當你的，你準備留級吧。哈、哈、哈！」工藝老師一邊威脅他、一邊嘲諷他。P聽了很挫折，信心大失。整整一個禮拜，沮喪到想要自殺。

後來他決定休學。就在他想放棄學業時，P的導師發現他有異狀，找他去問話，想關心他。P一五一十向老師報告，導師聆聽後，鼓勵他說：**「人，只要活著還有一口氣在，就永遠不要放棄。」**因為導師的鼓勵，讓P產生勇氣，他決定不休學了，要堅持到底。

結果，他到底有沒有被當呢？

最後，出現了令人意外的結局，叫人拍案叫絕。

P那門工藝課，不但沒有被當，甚至最後連補考都沒有。他及格了！「咦？他是怎麼辦到的？」你一定也跟我一樣感到好奇，是嗎？

好，答案揭曉。到了學期末，工藝老師突然換人了。換人？怎麼會換老師呢？因為那位出言恐嚇學生的工藝老師，就在學期末時，突然心臟病發作，緊急送醫住院。從此，他就沒有再回到這間學校了。

看見了沒？最後不是學生當掉，是老師「被當」了。這就是語言的力量。生命就是迴力鏢，還記得嗎？

當時我聽個案K轉述這個故事時，心裡就在想：「怎麼會有這樣壞心眼的老師，要如此折磨學生呢？」當下，我的心真的「揪」了一下。後來，聽到老師心臟病發作時，我立刻明白這是**「因果」**，我一點都不感到意外。

「所有你給出去的東西，都會回到你身上，不偏不倚。」請記住這個靈性法則。所有恐嚇、詛咒別人的，最後這些都會回到自己身上的。你給出什麼，就得到什麼，屢試不爽。

好，故事還沒完。

你知道為什麼那位教授要跟他的學生講自己的故事嗎？

因為我的個案K有「網路上癮症」，他經常掛在網路上玩電玩，無法正常上課、交報告。這幾年，他跟這個「癮」奮戰很久，有時候贏、有時候輸，他過得很辛苦。

去年六月，就在他決定放棄學業，準備退學去當兵時，他的導師P教授找他來談話，想關心他。K很誠實地跟導師說自己被電玩打敗了，心情沮喪、信心大失。然後，P教授就把自己高中這段故事講給K聽。K聽完故事，深受感動，決定繼續堅持下去。最後，案主K很得意地告訴我，經過幾星期的打拚，這學期，他終於過關了。唉，我當場聽到紅了眼眶。**「只有生命可以教導生命」**，這句話再次被驗證。

其實我想說的是：語言多麼有力量，故事多麼可以激勵一個人！說故事，其實是最好、也是最省力的教育方式。

你看，「人，只要活著還有一口氣在，就永遠不要放棄」這句話，不但幫助了P教授當年沒被工藝老師擊垮，此刻，也幫助了K沒被退學，這就是「語言的力量」。

3 有一種語言，叫人得力

敘事的語言，幫助我們「重新建構」生命故事，叫生命重生，敘事是一個叫人重新得力的學派。

美言一句如花香，惡言一句如臭糞。不好的話語，真的猶如「潑糞」一般，叫人渾身不舒服，你有這種經驗嗎？我永遠記得小學這個故事。

那一年，我小學五年級，教我們國語的女老師脾氣很不好，經常兇學生、打學生，她是一個很不快樂的人。

有一天，老師叫我旁邊一位女同學站起來唸課文。那位女同學個性內向，很緊張，唸得結結巴巴，記得當時她一開口就：「每每……」，一句話還沒唸完，遠處的粉筆早已經飛奔過來，狠狠打在她的臉上。

「妳美什麼美，妳醜死了！」老師怒吼著，把女同學嚇得全身發抖。

雖然這件事已經過去四十年了，而且被罵的人不是我，但當時女同學臉上深深恐懼的表情，依舊歷歷在目。每次演講，講到這一段故事，我總是半開玩笑地說：「不知道我那位女同學，目前心理治療做到哪個階段了？」哈！這雖是玩笑話，但也不無可能。很多找我的個案都是如此，曾經被一句話給深深刺傷，難過了一輩子，無法釋懷。

後現代強調「語言」的影響力，語言是一個人自我認同（self identity）的方式。敘事諮商師透過好的問話與新的語言，來解構案主的問題，幫助案主重寫生命故事，並讓案主開始使用「新的語言」來說自己。舉例說明。

有位個案第一次來談時就跟我說：「周老師，我很笨，我什麼都不會。」你看，他的語言充滿「負向」的自我認同。這個負向的自我認同，怎麼來的呢？當然是有故事的，絕對沒有人一出生就覺得自己是笨蛋，這個負向的自我概念通常是別人給的（尤其是父母、老師）。我的個案這個「笨」的自我概念，就是從小因功課不好，被老師、父母不斷地數落、責備，漸漸形塑而成的。

後來，他持續跟我晤談了幾個月，當中我聆聽他、並找出他許多的**「支線故**

事」[1]，發現他身上有很多精采、卻被忽略的好故事，例如他其實是一個很熱心助人又善良的人；他的機械操作能力很好，很會修理家裡的電器、腳踏車；他也是運動高手，很會跑步，羽毛球打得也很好。透過這些新故事，我讓他看見自己的多元面貌，並重新建構一個新的自我。

人的自我是多元的，每一個「自我」（self）也都是被建構的，尤其是社會建構。當然，人既然可以被建構，就可以**「再」**被建構，敘事的諮商療癒，就是在做這件事：我們聆聽案主故事並與案主合作，一起**「共構」**他的新故事。

敘事的語言，之所以能夠幫到人的忙，是因為它跟傳統的治療觀點很不同，所以它所給出的語言也很不一樣。敘事會去看人「有」什麼，不是去看他「沒有」什麼；我們會去看他「做」了什麼，而不是看他「沒做」什麼。敘事會問：「你是怎麼做到的？」而不是問：「你哪裡有問題？」給出的語言不同，人被看見的方式就會不同，人被看見的方式不同，就決定了這個人的自我認同與自尊。

敘事幫助案主找到並創造新故事，在新故事裡，案主的能力、好特質被我們看見，於是，轉眼間他也重新變成一個「煥然一新」的人。敘事的語言，重新建構生命故事，叫人重生，**敘事是一個叫人重新得力（empowerment）的學派**。

我再講一個故事，你便更明白：敘事語言如何造就人。

有一個小朋友叫葳葳，美術課下課了，但她卻依然坐在教室裡，嘴嘟嘟的，一臉沮喪，而且她的圖畫，一片空白。（想想，要是一般老師會怎麼說她？）

老師走到她的面前，看看她的畫，然後說：「哇！暴風雪裡有一隻北極熊。」

葳葳抬頭看看老師，不悅地說：「真好笑。」（意思是：妳眼睛瞎了嗎？我什麼都沒畫耶！）然後繼續說：「人家不會畫啦！」（一個小朋友不會做什麼，沒自信、鬧脾氣，大概就是這個樣子吧！）

老師笑著說：「怎麼不會畫呢？妳畫什麼、就是什麼嘛！」（你看，老師很包容、很有耐心。）

葳葳心想：「這是妳說的喔。」於是拿起筆來，在白紙上，點了一點，說：「畫好了！」（請問如果你是老師，你會做何反應？生氣，對不對？哈！記得，不要被你的孩子惹毛，被他惹毛你就輸了。）

老師沒被葳葳惹毛，反而拿起那張畫，仔細看了一看，然後對葳葳說：「請簽名。」

葳葳很訝異，心想：「簽就簽，畫畫我是不會，但簽名我可沒問題。」

葳葳在畫底下簽完名，就放學回家了。

下個禮拜，當葳葳再進入美術教室時，一抬頭，媽呀，她那張「點」的畫，竟然被老師框起來，掛在牆上。（畫能被掛在牆上，當然表示被肯定囉！）

葳葳心想：「這樣也可以被肯定啊？那我可以畫得更好！」

於是她拿出一盒全新的水彩盒、水彩筆，開始作畫。

這次葳葳充滿信心，大膽隨意創作。紅的點、藍的點、綠的點，大的點、小的點，不斷地畫。哇！葳葳畫了好多張「點」的畫。

老師覺得葳葳很有創意，小小一個點，她竟然可以創造出好多不一樣的點，於是，老師決定幫她辦一個畫展。

哇，畫展舉辦當天，全校男女老幼都來看畫，好轟動。

其中有一個小男生，看著葳葳的畫，對著她說：「我真的覺得妳是一個偉大的畫家耶，我真希望自己可以跟妳一樣，也會畫畫。」

葳葳跟小男孩說：「你當然沒問題啊！」

小男孩回：「不可能的，我連一條線都畫不直耶。」

「是嗎？」葳葳不相信，拿了一張紙給小男生，請他畫畫看。

結果小男生畫出一條線，果然歪七扭八的。

葳葳拿過來，看了一看，再遞還給小男生，說：「請簽名。」

這個故事，出自繪本《點》，這本繪本裡有豐富的圖畫，很適合小朋友看，更適合大人閱讀，這是早期我用來講解敘事的好故事。

葳葳從一個不會畫畫、沒有自信的孩子，最後卻變成一個畫家，而且還可以去幫助別人，你看，葳葳的故事被**重寫**（**re-authoring**）了，這就是敘事。

這個故事很人本，它讓我們見識到語言的力量，改變葳葳的人，當然是這位美術老師，她做了什麼？她所做的，不過就是給出「接納、包容、欣賞」的語言罷了。透過「不一樣」的語言，老師改變一個學生，也造就了一個人的生命。這種叫人得力的語言，如果大家也可以學會（尤其是老師、父母們），那麼，我想現今社會上孩子的問題，絕對可以減少一半以上，你說是嗎？

注解

1 敘事裡，我們經常在找案主的支線故事，來代替主流的論述。例如，當一個孩子被帶到輔導室，只因為他「上課不認真、好動、功課差、人際關係不好……」等，以上就是一種主流論述。主流論述通常是充滿問題化、病理化的語言，主流論述的危險是它會去「標籤」我們的孩子，叫他的生命「動彈不得、限制」，同時讓生命無法產生新的可能性。要解構主流論述的單一故事，我們必須找出案主生命中的「支線故事」來替代主流論述，當孩子可以被不同的方式「看見」時，生命才得以因此翻新。

4 說故事，讓我們看見不一樣的自己

透過說故事，她重新被看見了。不只是被我看見，也被她自己看見。

說故事是一種「看見」。

敘事裡強調說故事，在故事裡，我們得以重新看見自己。這種看見，不同於主流社會價值裡的看見，而是一種回到真我、內在本性的看見。

主流文化價值給出的看見，經常帶出好壞對錯的論斷，當我們沒做到社會價值標準時，就會感到羞愧，覺得自己很糟糕（如：太矮、太胖、太窮、功課不好、沒有工作）。你有想過嗎？有時，社會價值是一種**「偏見」**。人之所以活的痛苦，就是活在眾多偏見的壓迫中，不得翻身。

偏見無所不在，每個人都有，請小心你的偏見。它會讓我們自以為是地批評那些不在我們理解「框框」之內的人，偏見阻礙了人與人的關係，它叫他人與自己都活著痛苦。敘事就是在「解構」這種主流價值，讓我們看見偏見對人的壓迫。當我們不再奉行某種「唯一的真理」，當我們可以尊重人的差異性與獨特性，尊重生命的多元價值時，你就可以幫到他人的忙。在敘事裡，我們鼓勵人做回自己，而且是「偏好的自我」，只要生命可以回到自己，回到生命的本質，基本上，人其實是不會生病的。

不只如此，敘事裡聆聽故事，我們做的是一種生命底層的看見。這種看見，不是看見生命的「應然」，而是「本然」，也就是電影「阿凡達」中的：「I see you!」那是一種靈性的深層看見。

應然與本然的看見是不一樣的。

「應然」是一種價值判斷，它來自社會某種視框、標準，透過這個視框，我們對人做出理解、判斷，於是「本真的我」就被消除、不見了。

「本然」指的是生命的本質。哪些是生命的本質呢？像是孤獨、寂寞、掙扎、不完美等。活在這個掙扎的世界裡，生活雖不完美，但每個人卻都在努力使自己活得好一點，這是生命可貴之處。敘事裡，我們要看見的，就是人在不完美中依舊努力存活的「亮點」，當生命這些努力可以被看見、被欣賞時，人就產生力量，就可以從不完美的生命中，釋放痛苦，得到解脫。人的救贖之道，最終在接納自己的本然。

知名導演李安當年在宣傳電影「斷臂山」時，說過這句話：**「其實每個人的內心裡，都有一座斷臂山。」**他用斷臂山的隱喻，來比喻生命的詭譎多變、難以捉摸。他說：「每個人內心裡那座斷臂山，雖然是如此神祕幽微、變化多端、難以理解，但它卻也是如此深邃、美麗。」沒錯，這就是生命。

聆聽故事，就是在進入他人生命的「斷臂山」裡。當你進入他人的斷臂山時，請不要帶著你的地圖（標準、偏見）進去，拜託，請丟掉手上的地圖，不然你看不見生命的幽微與美好。**欣賞生命風光，我們需要的，只是一份好奇、禮敬及謙卑的心，就夠了。**我說個故事，您便明白。

有一次，一個中年婦女來找我諮商，談的是她與先生的關係。

她告訴我：她跟先生是白手起家的，剛結婚那幾年過得很辛苦。後來賺了錢，開了一間小工廠，本來生意不錯，但幾年前遇到金融海嘯，工廠倒閉。生意失敗，先生受不了打擊，天天喝酒、發脾氣，最後他也倒了。她感到很無奈又無助，問我該如何幫助老公？

我問她：「先生倒了，妳怎麼沒倒？」她之前告訴我，為了償還債務，她每天工作十四個小時以上，同時兼了好幾份差事。

「我怎麼能倒？孩子要上學、家要養，總不能兩個都倒，那孩子怎麼辦？」哇！好堅強的母親，這就是「為母則強」的最佳寫照。

我告訴她，在她的生命裡我看見有一種「韌性」與堅強，也因如此，她可以勇敢面對困境，讓她不退縮、不被打倒。「是嗎？」我問她。

聽我這樣說，婦人眼裡泛著淚光，並感到訝異。第一次，有人說她堅強，並看見她生命的「韌性」。

我問：「這韌性是怎麼來的？」

她不解。「我也不知道耶，本來就應該這樣不是嗎？」

不是的，生命裡沒有「理所當然」。我跟婦人解釋：「如果沒有這個韌性，妳就會跟妳先生一樣倒下去。不是嗎？但妳沒倒，因為有這份韌性。它是怎麼來的？」

她靜靜思索著我的話，因為從沒有這麼想過。

「或許，韌性跟妳的成長過程有關，可以跟我說說妳的故事嗎？」我提醒她，並邀約她說故事。

「我小時候的故事不精采，沒什麼好說的啦！」她有點害羞，不好意思。

我絕對不勉強他人說故事，故事必須由當事人發自內心給出來才可貴，我讓婦人自己決定要不要說。

在我的邀約下，婦人開始緩緩地說著故事。她說自己是一個養女，生長在重男輕女、物質缺乏的年代，家裡生了很多女孩，父母養不起於是就把她送給別人當養女。所謂養女，其實就是女傭，從小得做很多家事，她也不例外。

「從小學一年級開始，全家的衣服都是我洗的、飯菜都是我做的。讀到小學六年級的畢業前夕，養母把我叫過去，跟我說妳不要再唸書了，妳得出去工作，這幾年妳都吃我們、住我們的，妳得去賺錢還給我們。」

婦人聽了很難過，因為她很喜歡上學。小學她遇到一位好老師，對她很好，所以她功課很好，尤其是國文，每次作文比賽都得第一名。（跟我國中時一樣。可見

老師真的很重要）

然後，她想了一個星期，跑去跟養父母說：「請你們給我上學好嗎？我一樣會去打工，該賺的錢，一毛不會少；該做的家事，一樣也不會少。」

經她苦苦哀求，養母答應了：「好啊，如果妳有本事賺錢回來，還可以邊唸書，妳去唸呀，但記住學費妳得自己出喔。」

就這樣，她開始半工半讀，一路上從國中補校、高中夜間部唸到大學夜間部畢業。

哇，聽完婦人的故事，我睜大眼睛，紅著眼眶，問她：**「妳是怎麼辦到的？為什麼別人都不讓妳唸書，妳卻可以唸到大學畢業？」**

婦人再度愣住，眼裡泛著淚光。

「你是怎麼辦到的？」這是敘事裡常用的話語。這句話暗示著：人是「有能力」的，這是一句很有力量的話。

確實，從婦人身上，我不只看見「韌性」，我更看見了婦人身上潛藏許多寶貴的生命品質，包括堅強、勇敢、勇於溝通、不放棄、選擇自己要的。

然後，我一一把它們寫在一張紙上，跟她說明這是我在她身上所看見的「東西」，這些寶貝特質，使她的生命成為獨一無二，同時幫助她度過人生的困境。我最後在紙上簽名，成為她生命的「見證人」，然後再把這張紙交給婦人。

對了，在給婦人前，我先大聲地「朗讀」這份文件，讀完後，像「頒獎」儀式一般，禮敬地送交到她手上。（這是敘事工作裡的證書運用）

婦人雙手接過這張「證書」，再次流下感動的淚水，一直說謝謝、謝謝。在這個敘事對話與歷程裡，婦人被深深看見了，而且是不一樣的看見。這種看見，叫人重新認識自己，並叫內在產生了力量，我說的故事療癒，就是這樣產生的。

5 人可以不完美，但人要完整

不完美就像盔甲上的裂縫，
是讓上帝可以進來的「傷口」。
——《誰能寫出玫瑰的味道》

有一次我帶工作坊，一開始就請大家冥想，安靜覺察自己當天的身心狀態，然後緊接著做一段「自由書寫」。

自由書寫，就是一種「心情塗鴉」，短短五分鐘裡，你可以自在地在筆記本上，毫無顧忌地說出自己內心真正想說的話。不管是身體的疲憊、心情的混亂、還是被老闆臭罵一頓的沮喪、憤怒等，什麼都可以說。此刻，你可以盡情解放自己，說出真實的自己。自由書寫，創造一個屬於自己的「私密空間」，讓我們可以在這裡盡情地哭、盡情地笑、盡情地發洩，這對壓抑成習的現代人來說，確實是很難得的抒壓。

通常在自由書寫時，我會特別強調：「沒有經過你的同意，不會有第二個人看到你書寫的東西。」這樣說，是為了幫助大家可以放心、大膽地寫。

即便如此，人通常依舊無法把自己內心真正的感受，全盤托出。人都很ㄍㄧㄥ（拘謹）的，為什麼呢？因為我們害怕不完美。

我們不習慣、也不敢把自己脆弱的一面呈現出來。「家醜不可外揚」，我們的文化不是這樣告誡我們嗎？

一位美國社工教授柏芮．布朗（Brene Brown）在有名的TED演講[1]裡，告訴我們：脆弱是一種力量。她強調人該坦蕩地接受自己的脆弱，「那些使我們脆弱的、也使我們美麗」，一個人如果可以坦然接納自己的脆弱，就能同時長出生命的力量來。

我在工作坊裡經常會分享柏芮．布朗這場精采的演講。她說的沒錯，人都渴望親密關係，渴望與他人連結（connection），卻又害怕連結。為什麼呢？柏芮．布朗說的很精準，有兩個原因讓我們無法跟人產生連結，就是：**羞愧（shame）與恐**

懼（fear）。我怎麼可以告訴別人我很累、我不快樂、我不開心、我昨天跟老公吵架了？「家醜不可外揚」、「我不可以不好」、「這很丟臉耶」，我們時時擔心自己會被批評、擔心自己不夠好，這就是羞愧與恐懼帶給我們壓抑，它們有如「金箍咒」一般，把我們掐得緊緊的，造成我們無法與他人連結。

說故事卻創造了一種「連結」，透過自由書寫與說故事，幫助我們拿掉這個金箍咒，讓我們可以暢所欲言，如此，我們不但跟自己連結，也與他人產生連結。

柏芮・布朗的研究發現一件事：為什麼有些人可以「全心全意」（whole heart）地投入生活、活在當下，而不會被「卡」住呢？她發現這種人通常都認為自己是有價值的（worthiness），他們強烈地相信，自己是**值得被愛與歸屬**（belongs）。

這種可以全心全意過生活的人有個特色，他們很願意與他人「連結」，並樂意袒露自己的脆弱與不完美，他們是用**「真實的自我」**與人連結並過生活的。這種人不用說，通常會活得比較快樂、比較健康。

但大多數的我們卻做不到，為什麼？因為我們的文化要我們「完美」，為了完美，我們得努力完美、假裝完美。但生命的本質其實是不完美，這是叫人活著很衝突矛盾的地方。當我們無法坦然地面對自己的脆弱、不完美時，我們就得戴面具、失去真我，這樣活著當然痛苦。人不要痛苦、想逃避痛苦，於是人開始「麻痺」自己，麻痺是逃避痛苦的方法。

人一旦「麻痺」（numb）痛苦，就會麻痺所有的感覺，布朗想提醒我們：一旦你麻痺了自己的痛苦、恐懼、哀傷等負向感覺，將同時也麻痺了喜悅、快樂等正向感覺，於是人活得像行屍走肉，最後更痛苦。

「無感」是現代人最大的通病，西方有句諺語：「有些人三十歲就死掉了，六十歲才進棺材。」就是在形容「無感」的現代人。無感的人通常過著上癮的生活，抽煙、酗酒、吸毒、打電玩等，這些上癮行為會麻痺人的知覺與生活，讓生命一點一滴地漸漸消逝，最後變成行屍走肉。

近年心理臨床上研究，上癮行為可不只這些，這幾年人們上癮的方式越來越多元，像是過度飲食、瘋狂購物、長時間看電視或上網、一直盯著手機看的「低頭族」，還有一天到晚守在臉書上等著別人按讚的「網路族」等等，這些無意識殺時間的生活習慣，都稱得上是一種上癮，透過這些上癮行為，我們其實在逃避面對現實生活與不完美的自己。

要如何避免上癮行為，讓自己恢復「有感」的生活呢？方法無他，人必須誠實地面對自己。「人可以不完美，但人要完整」，一旦我們接受了自己的不完美，生命就完整了。幫助每個人如實地接納自己，這就是心理治療的終極目標，敘事裡，透過說故事，其實就是在讓我們學習接納自己的脆弱與不完美，奇特的是：當自己的脆弱與不完美，可以被自己與他人聆聽、接納時，生命就開始「轉化」，一股力量就會從內油然而生，這就是「脆弱的力量」。我的敘事諮商，經常在見證這件事。

注解

1 「脆弱的力量」，請見TED網站：http://www.ted.com/talks/lang/chi_hant/brene_brown_on_vulnerability.html

6 說故事，是一種come out

說故事，就是一種come out。
當我們跟人come out時，我們就創造了一種親密關係。

每個人都有祕密。

保守祕密是件辛苦的事，但卻有必要，因為我們不想被批評、不想再受傷害。祕密之所以成為「祕密」，通常因為它不符合主流價值，或與社會道德相違背，所以不得見光。我們都期待被大家所認同，當一個「正常人」，因此祕密得緊緊關在黑盒子裡，不能曝光。

去年底，我應邀到一個公司團體帶敘事工作坊。

那天早上，引言完後，我接著播放了雅迪琪（Chimamanda Adichie）的演講

「單一故事的危險性」讓大家看。演講內容很精采，她提醒我們：

單一故事會造成刻板印象。而刻板印象的最大問題就是：他們並非不正確，而是不完整。他們讓我們對人產生偏見的理解，而不是多元的認識與尊重。

你要去認識一個地方或是一個人，如不去了解全部的故事，那是不可能的。敘說單一故事的後果是：人們的尊嚴被剝奪，讓我們看不到人類的平等，只強調我們有多麼不同，卻不見我們的相同之處。

故事很重要，多元的故事很重要。故事可以用來醜化現實，但故事也可以用來激勵人心、強化人道精神。有些故事能奪去人們的尊嚴，但有些故事卻能讓人重拾尊嚴。

看完影片後，我提醒大家：**「其實我們都活在一個充滿偏見、刻板印象的社會裡。單一故事，其實無所不在。」**接著我舉例：「你看早期我們漢人是怎麼說原住民的：『番仔、愛喝酒、好吃懶做、不工作、賣女兒做娼妓……』這些標籤與評語相信大家都不陌生，但真的是這樣嗎？所有的原住民都是如此嗎？這就是典型的單一故事。」

剛好那天就有原住民朋友在場，上面的話說進了她心坎裡。忍不住，當場她分享了從小自己原住民身分的遭遇，她在小學經常被同學排擠、欺負，被譏笑是番仔、沒知識、不衛生等，不但同學看不起她，連老師都看不起她。說故事的她，眼裡泛著淚光，雖然那是很久以前的事了，但那個曾被壓迫的傷口，依然會痛。

最後，她說如果可以，她好想隱藏自己是原住民的「祕密」，但因自己從小皮膚比較黑，人家一看就猜得出她是原住民，根本藏不住。

以故事引故事，以真引真。突然，一個男學員舉手，他也想分享故事。他說自己不是原住民，但他也有強烈被主流價值壓迫的經驗。接著，那位有著模特兒身材，長得高高瘦瘦、兩邊留著鬢毛、很帥、很酷的大男生，站在那裡，深深吸口氣，再看著大家、鄭重宣告：「我想跟大家說，我是同志。我喜歡的是男生。」

啊！當場他丟出了一個炸彈，大家會怎麼接呢？還好，之前給過大家看影片、做教育了，大家的反應都還算鎮定。（但我想很多人都在心裡尖叫吧。哈）

這個社會對同性戀確實有很多偏見，對同志，我們也有很多「單一的故事」，是吧？我很佩服他的勇敢，紅著眼眶對他說：「感謝你對我們的信任，願意跟大家come out（出櫃）。這需要極大的勇氣。你可以告訴我，你的勇氣是怎麼來的？為什麼此時此刻，你想要跟大家come out呢？」

「因為我想當一個完整的人。我很喜歡這裡，跟大家一起工作我很開心。這幾年，感謝大家很照顧我，但我始終總覺得跟大家格格不入，我害怕跟你們太親近，害怕你們問我有沒有女朋友？為什麼不交女朋友？我不想說謊，也不知道該如何回答，就會刻意想跟大家疏遠。所以今天藉這個機會，乾脆跟大家come out。」他說。

此話一出，一位女同事立刻給出回應：「Tony，謝謝你的come out。雖然我早就在猜你可能是gay，卻始終不敢確定。今天你敢說出來，讓我覺得很榮幸能被你信任，謝謝你。」

接著，其他同事也紛紛表達對他come out勇氣的敬佩。看得出，他在這公司裡有極佳的好人緣，大家都很喜歡他。

更好笑的是，一下課，另一位女同事M跑過去跟他說：「好可惜喔！我沒機會了。可以抱一下嗎？」兩人輕輕擁抱著。然後M又說：「你不早說，我可以幫你介紹男朋友！」哈！這是多麼大的接納呀，那個畫面溫馨動人，我一輩子難忘。

男同事的意外出櫃，突然讓這個團體變得熱絡、流動，大家更加親密了。於是，每個人開始一一敘說起自己生命中曾被壓迫的「單一故事」。有人從小父母離異，是在單親家庭裡長大，常被笑「沒有爸爸」；有從小父親愛喝酒，後來母親逃家不見了，她獨自扶養弟弟長大的辛酸故事；更有從小在爸爸的家暴下長大，國中就開始賺錢養活自己，刻苦求學的熱淚故事。

突然間，在彼此的故事裡，我們深深地看見彼此，也撫慰彼此的傷口。在每個人的come out裡，我們不只真實地面對彼此，我們更看見彼此生命裡強大的力量與韌性。生命的美麗，在故事中呼之欲出，這就是「敘事之美」！

說故事，就是一種come out，come out創造了一種連結，一種人我之間的親密關係，叫我們更靠近。

說故事，幫助我們如實地接納自己。一旦被了解、被接納，我們就可以從「單一故事」的撕裂與壓迫中，得到了解放與療癒。透過come out（出櫃、說故事），我們讓自己的生命變得更加完整。

演講最後，雅迪琪做出了如下結語：**「當我們抗拒單一故事，當我們了解到：這世上沒有任何地方只有單一個故事時，我們就會重拾心中的樂園。」**沒錯。用單一故事去理解人，這是簡化生命，它是一種偏見，更是粗暴對待生命的方式。唯有當我們可以從「單一故事」中解脫時，人與人之間的牆就不見了，當所有的偏見、排擠、論斷、批判可以消失在人際間，取而代之的是尊重與欣賞，那時候，你能說我們活的世界不就是天堂了嗎？

注解

1 「單一故事的危險性」請見TED網站：http://www.ted.com/talks/lang/chi_hant/chimamanda_adichie_the_danger_of_a_single_story.html

7 迷人的敘事語言

語言是一種暗示，它具有催眠的效果。敘事的語言，經常解構主流價值與人的慣性思考模式，為生命帶來新的契機。

說到最善於運用語言的治療師，莫過於米爾頓・艾瑞克森（Milton Erikson）。他是美國著名的催眠治療師，也是當代最具影響力的催眠治療師。

他很會說故事。他經常運用故事隱喻來改變案主，更善於運用「新的語言」，讓案主在無形中接受他的「暗示」，神奇地改變案主的行為。語言具有催眠效果，它可以深入人的潛意識中，產生無形的改變力量，我發現這是很靈性的運作。艾瑞克森的治療工作善於運用語言與故事隱喻，如此做法深深影響著當代的心理治療，當然包括敘事取向。

對於語言所帶出的神奇力量，艾瑞克森自己也有深切的體悟，以下故事可以證明。艾瑞克森小時候住鄉下，家裡經營牧場，他的父親每天一大清早都要送牛奶給附近的農家。在他十七歲還沒得小兒麻痺症前的某一天，父親生病了無法起床，於是艾瑞克森必須幫父親去送牛奶，結果，當他送到某個村莊的農家時，一位婦人走出門來拿牛奶，此時一位小女孩依偎在婦人身旁，然後，小女孩開口問婦人說：**「媽咪，這個『男人』是誰？（Who is that『man』？）」**根據艾瑞克森自己的描述，因為這句話，讓他在一夕之間，從一個男孩轉變成一個**「男人」**（man）。透過小女孩的語言，提醒了艾瑞克森：他是一個**「男人」**了。這句話創造了一個「視框」的移動，也創造了一個生命的分水嶺，帶出艾瑞克森新的「自我定位」與「自我認同」，於是，從那天開始，艾瑞克森他長大了。這就是語言具有強大催眠力量的好例子。

敘事也是一個十分善於運用語言的學派，當我們給出敘事語言時，往往叫人耳目一新，也藉此幫助案主「移動」視框，用新的眼光看自己。創造視框的「移動」，這其實是敘事的核心，也是敘事諮商師所做的事。人之所以痛苦，是因為我們「固著」在某個想法價值裡，無法脫身，一旦人可以鬆動原本僵化的信念，移動固有視框，生命故事就得以重寫了。

舉例而言。當我面對案主生命中的獨特經驗，或看見案主在生命困境中依然不放棄、努力存活而時，我經常會感動地問案主：**「你是怎麼辦到的？」**（猶如本章第四篇故事案例）當我問出這句話時，其實我已經在「暗示」著：**案主是「有能力的」，不是嗎？**當我把視框移動到人的「有」上去看見時，如此也幫助案主同時看見自己的「有」，不是嗎？

不只如此，當我們遇到酗酒案主，敘事治療師可能會問：**「為什麼你沒有喝更多的酒，是什麼阻止了你？」**這句話也在暗示著：案主在還沒讓自己喝死之前，他曾是「有能力」可以停下來的，不然他現在怎麼會出現在你面前呢？不是嗎？

敘事的外化語言更是經常叫案主傻眼，它深深地解構了案主所帶來的病理化觀點。當憂鬱症的案主來到我的面前時，我經常會問他們：**「憂鬱是什麼時候來到你身上的？」**注意，我不是說：**「什麼時候開始，你變得憂鬱的？」**而當我說：那個「憂鬱」，是什麼時候來到你身上的？此刻，「憂鬱」被擬人化了，彷彿它是我們生命中的不速之客，它不等於我，不是嗎？

外化的語言，讓我們可以把問題與人分開，當中著實在暗示著：**「人不等於問題。」**而當我說「憂鬱」何時來到你身上時，其實我也在**「暗示」**一件事：「憂鬱」是外來的，它不是天生的，它也不等同是案主本身。而且，更重要的是：「憂鬱」既然可以「來」，代表它也可以「走」，不是嗎？

每次當個案聽見我給出的「外化語言」時，當下通常會先愣一下（因為不熟悉，而且這打破了他原來的病理思考模式），但緊接著，他會去認真思考這個問題，並回答我。如此一來，表示他們已經接受並「進入」了我的問話與暗示，當這個新的思考方式進入案主的生命，就表示「解構」已經產生，案主得以重新理解自己「生病」這件事，於是生命就有了翻新的可能。

敘事的學習，得從給出新的語言開始，但也要特別提醒，**敘事語言不是一種「技術、技巧」**。我說過，語言的背後其實是一種價值，是一個文化，因此學習敘事的語言，我們得先從解構自己的價值開始，讓自己進入一種「非病理」的人文觀點，否則，如果只是用認知理性的「腦袋」去學敘事問話的技巧，那根本是本末倒置，也是徒勞無功的。

老實說，敘事最難學的地方，就是**「非語言的語言」**。什麼意思？意思是：有些意念的傳達，不是靠語言的，它需要靠你用**「整個生命」**（**whole life**）來傳達的，這種生命的傳達，它超越語言，也超越肢體（所以我不會想稱它是「肢體語言」，這不到「味」）。很難懂，是不？請讓我解釋給你聽。

有次在一本敘事書裡，我看到一則有關艾瑞克森跟案主談話的描述。書上說，當艾瑞克森跟案主說話時，表情總是充滿著熱情、欣賞與好奇，他總是豎起耳朵、身體幾乎前傾，一副殷切盼望的樣子，邀約著案主：「說說你這星期的新故事吧！」這就是一種用**「整個生命」**做諮商的姿態。

這種姿態所代表的是：「我相信你一定有新故事的。」這個相信，是如此堅定，不容質疑，它是一種**「無可救藥的樂觀」**。做敘事，對人性的相信，有時確實需要這種「無可救藥的樂觀」與熱情。

我再舉一個例子。二〇〇〇年敘事治療的創始大師麥克・懷特第一次到台灣舉辦敘事工作坊時，我剛好也在場。這個工作坊由吳熙琄老師擔任現場翻譯與主持，課堂中麥克·懷特放了一段他做敘事訪談的個案影片給我們看，熙珺老師邊看邊翻譯給我們聽，然後，翻到一半，我突然聽見哽咽的哭泣聲，心一驚，想說是誰在哭？一抬頭，就看見熙珺老師已經熱淚盈眶。

這個畫面叫我印象深刻，相當震撼。

一個人聆聽故事，會感動到「熱淚盈眶」，表示她真的有聽進「生命裡頭」去了。做敘事需要一種感動，一種熱淚盈眶的感動，如我在本書前言所說，我認為這是做敘事的最高境界。

不只熙珺老師愛哭，連麥克·懷特也很愛哭。今年四月拿到麥克生前最後一本新書《敘事治療的實踐》，裡面有個故事，深深感動我。

書上說，有一次麥克到墨西哥舉辦研討會，會後一位當地治療師跑來跟他道謝，他跟麥克說他的兒子前幾個月死於愛滋病，多虧看了麥克寫的一篇以敘事做悲傷治療的文章〈Say Hello Again〉，讓他可以在喪子之痛之餘，生命可以繼續往前走。當那位治療師說這故事時，麥克眼裡馬上泛起了淚光。那位治療師很吃驚，起先以為是空氣汙染所致，但麥克卻跟他說：**「我流淚，是因為我可以感受得到你的**

痛苦。」

當下，那位治療師很被麥克的「熱淚盈眶」所感動，雖然麥克什麼也沒做，卻深深觸動了說故事的人。書上寫著，那位治療師當下立志：**「我當下決定，我就是要成為這種治療師，能夠用麥克與我相處的方式和別人相處。」**這就是一種用「整個生命」做諮商的樣貌。

說這些故事，其實我想說的是：語言是有力量的，敘事就是在善用新的語言來開啟生命，讓生命有新的可能。學敘事，不只是在學敘事問話，更在學習一種對待生命的態度，這種態度它超越語言，也超越治療，這幾年我的敘事實踐，就是在學習這件事。

第四章

故事的生命療癒

描述屬於自己的真實故事與個人經驗，
不只是為自己的生命做一個完整的交代，
更能使我們藉此找到自我，選擇自我，
做一個不一樣的人。

——勒那

1 說完故事，然後呢？

故事只在表現出來時，才得以轉化。

——艾克哈特．布魯納（Bruner）

「你說敘事治療就是說故事，但說完故事，然後呢？」私塾的第一天，學員W這樣問我。

我不太記得當時是怎麼回答的，但我的回答肯定不是：「然後，從此你就過著幸福快樂的日子。」（呵呵，別傻了，人生沒這回事）當然也不是：「然後，你立刻就得到療癒，所有的問題馬上迎刃而解。」這是幻相，心理治療不是吃安眠藥，沒有速成，不管哪個學派都一樣。如果我這樣回答，連小孩子都知道我在說謊。

嗯，這是個好問題，當時我是怎麼回答的呢？

喔、我想起來了。

我大概是這樣說的：

說故事，是為了要讓我們確認自己的存在。「我說，我是，故我在」。說，是一種發聲，更是一個人主體性的展現。

說故事，幫助我們去「確認」過去某個經驗跟自己的關係，同時也幫助我們辨識它是如何影響我們的，進而看見自己內在隱藏的期待、感受及渴望。

說故事，讓我們知道自己是誰，也讓我們把自己「認回來」，於是自己就更完整。

當我們開始說故事，便有機會重新理解過往經驗（老掉牙的故事），不讓它繼續待在我們心裡的地窖裡，躲躲藏藏，甚至變成厲鬼一般每天跟我們糾纏不清。說完故事，生命就會產生新的方向與動力，於是，生命故事就有機會「重寫」了。

我不知道這樣的解釋，W是否聽得懂，反正敘事的「道理」大概就是這些。但是道理通常對人的幫助不大，除非去實踐。**敘事的療癒，得透過實踐**，不做，你永遠無法領會箇中滋味。

然後，驚人的事情發生了。隔週，W就寫了一篇叫人跌破眼鏡的故事用郵件傳給大家。她開始實踐說故事了。

她跟大家說一個故事，一個她從沒跟人講過的祕密，一個守了二十年的祕密。有人願意跟你分享祕密，這是極大的信任，也是一件何等榮幸的事啊；但要如何回應別人的祕密，卻不是一件容易的事。

事後某學員A回應說，看完W這篇故事後，當場讓她嚇得屁滾尿流。雖然講得有點誇張，但這表示那篇故事有「打到」她自己。塵封在內心已久的東西，有時會在別人come out（出櫃）的故事裡，會不小心給震出來。這種事，在私塾裡經常發生，以故事引故事，這是私塾裡創造集體療癒的祕訣。

我說過：說故事就是一種come out。聽了別人的「祕密」，有些人會感到驚慌失措，不知道該如何「接」，這是可以理解的，因為他還沒準備好。還沒準備好的意思是：他還不想面對自己、面對內心那個祕密或那個痛。因此當別人丟出的故事，不小心勾動到自己時，常會叫我們驚慌、不知失措。但老實說，此刻卻也是一個絕佳機會，透過別人的故事，我們剛好可以面對自己、療癒自己。

幾天後，我寫信問W：「是否願意在下次上課時，接受我的『訪問』？」（敘事裡，聆聽故事時，治療師都會去「訪問」案主）。我想確認：W希望她這樣說完就好，還是期待有更深入探索或對話？

W回我：「先這樣就夠了。」我能了解，當然也尊重。但我告訴W，如果有人因為她的故事，激起自己內在情緒與故事，別人是有權利談他自己的故事的。

然後，接下來的幾週，我發現W越來越不一樣了。

團體裡，她越來越能表達自己，並去回應他人。她的回應很同理又溫暖，每次都能引發團體的共鳴與熱烈對話，並幫助他人做更深刻的反思。呵呵，我笑說：W成了團體的「馬達」，她的發聲讓這個團體變得更加流暢、有生命力。

一天早上，當我起床靜坐時，突然想起第一次上課時，W問我的那句話：**「說完故事，然後呢？」**我想，這個答案，W現在應該最清楚了吧。

從W的故事裡，也讓我學習到：只要讓人好好說故事，把故事說出來，被聽到、被理解，療癒就在其中了。如同心理學家布魯納（Bruner）所說：「故事只在表現出來時，才得以轉化。」

故事，需要被好好聆聽，至於需不需要進一步訪問探索，這要看對方的狀態，因人而異。有些人，你什麼都不用做，只要好好專注聆聽就好，這樣反而讓對方有更多自我反思與喘息的空間。助人，永遠以對方的需要為主。於是，我突然想到：有時我們的父母、老師或治療師，是不是都「做」（介入）太多了？

一天晚上，另一位私塾成員S跟我通電話，我跟她說：「最近妳在私塾的分享比以前多喔，越來越敢說了，妳是怎麼辦到的？」S是第二次參加私塾，第一次時，她幾乎都保持沉默，只當聽眾。

「喔，大家都好勇敢、好敢說喔，我的潛能是被大家激發出來的。」S大笑，解釋她的回應能力是來自大家的「激勵」。沒錯，發聲是需要勇氣的，而這份勇氣，也是學來的。沒有人天生是勇敢的，人必須透過行動、實踐，才能淬鍊出勇氣來。

勇敢是會傳染的。往往A的發聲，也會帶出B的勇氣，變得更敢去說。**「你跟怎樣的人在一起，就會變成怎樣的人。」**有一天收信，看到一篇文章標題寫了這句話，我心有同感，這句話也剛好印證私塾裡大家說故事的勇氣。

私塾裡，我們彼此說著自己的故事，用故事來陪伴彼此，用生命來回應生命，當中，我們療癒了自己，也療癒了他人，這就是故事療癒。

「說完故事，然後呢？」呵呵，如果願意，歡迎你來嘗試看看。

2 重寫生命故事

每當珍站在「海柔」的位置時，奇蹟就出現了，
她變得很淡定，而且她所說出的話，總是充滿智慧，叫人讚嘆……

正如同後現代心理學家愛德森（Anderson）所說：「語言不是反應真實，語言是創造真實。」語言本身絕不是被動的。敘事諮商師善於誘導個案以新的語言、新的故事，來重塑自己的經驗與建構新的未來，藉此，讓生命產生更多新的可能，這正是敘事迷人之處。

好，我來說個故事，你便明白。

有一次，一位中年婦女跟我諮商，談她與先生之間關係衝突的故事。

珍（化名）與丈夫結婚二十多年，夫妻關係冷漠，時有爭吵，先生有強烈的控制欲，她已過了二十年沒有自己的日子。近年上了許多成長課程，珍才慢慢意識到

自己的需要與價值，但擺盪在做自己與滿足別人期待的妻子兩者間的衝突，卻依舊鮮明。結果，丈夫去年發現得了癌症末期，醫生宣判可能只剩一年的時間，面對先生的病痛與死亡，更叫她感到萬分恐懼害怕。

晤談中，我邀請珍「想像」：「二十年後，那時候妳先生雖然不在了，但妳卻可以過得很好，那時候的妳，是怎麼過日子的？」我請她形容一下。

珍認真想了一下，跟我說：那時的她雖是一個人住，不過她不孤單，因為她會安排自己的生活，她會去上課、學東西，假日時子女會來陪她……

當她說完後，我問珍：「如果這是一個人的故事，我們給這故事的主角取個名字好嗎？妳會叫她什麼呢？」珍想了一下，告訴我：她叫「海柔」。她說她很喜歡這個名字。

好，我們就叫她「海柔」。「妳剛剛說海柔雖然是一個人住，不過她似乎很會安排自己的生活。我想把海柔的故事說得更細膩一點，妳可以幫我嗎？」珍點頭，表情多了點興奮。

我開始說了，「海柔是一位六十多歲的女人，雖然頭上有些白髮，但仍保有女人優雅的氣質與風韻，她是一個怎樣的女人呢？」（我轉頭問珍）她立刻接著說：

「她一個開朗、樂觀又有智慧的女人。」（當珍說這話時，臉上立刻堆滿了笑容）

我繼續說：「她先生在她四十五歲因癌症去世，她有三個子女，也都各自成家立業了。海柔雖一人獨居在郊區的花園別墅裡，但她不孤單，因為她有很多關心她的好朋友，而她的孩子、孫子們，假日時也都會輪流回來陪她。」（我看著珍，示意她接著說下去）

珍毫不猶豫地說：「她很會安排自己的生活，她喜歡在花園裡種各式花草、有機蔬菜，她把自己的屋子佈置得非常優雅有品味，她的朋友常常喜歡來拜訪她。喔，她也喜歡看心靈書籍，常常一本好書、一壺花茶、一盞黃燈，就讓她安然度過一個美好的夜晚。」

哇，我露出羨慕的眼神。此刻，珍臉上堆滿了幸福的笑容。

然後，我接著說：「她有幾個知心的好友，都是跟她一般年紀的好姊妹。有時候，她們會相約一起去……」我又看看珍，珍接著說：「一起去爬山、去旅行、去山上泡溫泉，一起說些女人的心事。偶爾她們會輪流在家裡燒菜、喝下午茶。喔，對了，海柔尤其喜歡做些餅乾類的小點心，分享給朋友，連附近的鄰居都經常品嚐到海柔特製的小點心喔。」啊，這種日子，真叫人羨慕。說完，我與珍相視而笑。

我再接再厲：「海柔雖然已經六十幾，但她說她的生命才開始。她不但參加社區讀書會，每個星期還在醫院裡當癌症病房的義工，同時她也勇於嘗試一些過去沒做過的事，像是一個人出國旅行，學畫畫，陶藝等，她還說等到七十歲生日的那天，想去高空彈跳呢。」珍立刻張大眼睛，一副不可思議的樣子，大喊著：「喔，那太危險了！」

「好，那我們換成……」我又看看珍，珍馬上說：「辦個睡衣派對好了。」我們立刻相視大笑。

不一會兒功夫，我與珍一起完成了海柔的故事，這就是敘事裡的**「共構生命故事」**。

我問珍：「如果妳的下半輩子，真的像海柔這樣過，妳會怎麼形容妳這一生？」珍帶著滿足的笑容，毫不猶豫、堅定地說：「了無遺憾！」

透過「海柔的故事」，珍建構了自己的未來，也給未來帶來美好的希望與願景。人，一旦有了希望，就產生活下去的動力，同時就有力量面對生活的困難。

後來，當珍再來跟我晤談時，說到一些生活的困境，我都會問她：「如果是海柔遇到這件事，她會怎麼想呢？」或是「如果海柔在這裡，面對妳的問題，她會告訴我什麼呢？」

很奇怪，每當珍站在「海柔」的位置時，奇蹟就出現了，她立刻變得很淡定，而且她所說出的話，總是充滿智慧，叫人讚嘆。

這是一個很美的故事，它發生在多年前，有時候，我會不禁想起這個故事，然後嘴角自然上揚，我在想：那位婦人她現在過得好嗎？「是的」，我一點都不懷疑答案是肯定的，因為，有「海柔」在。

3 故事，一種療癒生命的美學

敘事，是一種生活哲學，更是一種人與人之間相互對待的方式，它是一種陪伴，一種療癒，更是一種生活美學。

一九九九年我第一次接觸敘事，只因「故事」兩個字讓我驚豔。

回首這十幾年接觸敘事、實踐敘事的歲月，我突然驚覺：這些年來我根本就是「活在敘事中」的故事人。

如果你問我，什麼是敘事治療？我越來越不會用化約、概念式的語言來回答這個問題。課堂裡，我教敘事也是如此，我通常用說故事的方式，來解釋敘事，叫學員明白。以故事來理解敘事，這很符合敘事的精神。現在，請讓我說個故事，或許你便明白。

有一年，好友Amy從美國回台，那時她面臨更年期與空巢期，被診斷有憂鬱症，過去童年的創傷如浪潮般襲湧而來，她的情緒跌到谷底。在家人的堅持下，她回台養病。那幾天，我放下手邊的工作陪伴Amy，我想聆聽她的故事。

有一天，我們漫步在植物園的蓮花池裡，Amy緩緩地跟我說她小時候的故事。她的故事，深深觸動我。她說：小時候家貧，她很喜歡看書卻沒錢買書，於是，小學四年級的她偷偷省下爸爸給的午餐費想去買書。有一天，坐她旁邊的同學好奇地問她：「妳怎麼都不吃飯？」Amy不好意思地說：「我想省下錢來買書。」

隔天，同學從家裡多帶了一個便當來給Amy吃。Amy很害羞，不敢吃。同學說：「妳要吃喔，這是我媽媽特別為妳做的，我跟媽媽說妳都把錢省下來買書，我媽好喜歡妳喔。」

Amy盛情難卻，紅著臉吃便當，心裡好開心。Amy說：「當時便當裡九層塔煎蛋及滷肉的滋味，真的好香，那個味道我一輩子難忘。」

不只如此，Amy還告訴我：「小時候媽媽偏心，只給妹妹零用錢，不給我，還要妹妹不要跟我說。但每次妹妹一到學校，就把五毛錢拿出來，分三毛給我，自己留兩毛。」

讓Amy最受傷的是一次被媽媽毒打的經驗，那是她小學六年級時候的事。有一天吃完早餐，Amy洗碗時不小心打破了碗，當場被媽媽用掃帚毒打，打得遍體鱗傷，也因此上學遲到了，但她不敢講被媽媽打，於是又被老師用藤條再打一次。

Amy告訴我，當時她的日子就是在這樣「內外夾攻」中活下來的。每天被打得渾身是傷，身體痛、心更痛。但是，她常常告訴自己：**「我一定要活下去。」**

當Amy一講出**「我一定要活下去」**時，我的眼眶濕了。

隔天早上，我坐在陽台上吃早餐，Amy的故事卻依舊在腦海裡盤旋著，頓時心中有一種說不出的感動。放下餐盤，我衝進書房，打開電腦，給Amy寫了一封email。

Amy：

謝謝妳昨天跟我分享妳小時候的故事。聽完後，讓我對妳有更多的理解，除了心疼以外，還有一份深深的感動。

我看到妳身上有一股強大的生命韌性，在艱難中，妳卻永不放棄自己的生命力，這叫我很感動，於是我忍不住好奇地想問妳：

1. 妳說小時候都把中午吃飯的錢省下來買書，這真的叫我很驚訝。我想知道：

那時小小年紀的妳，為什麼可以忍耐飢餓，就是不放棄想唸書？妳如何能夠超越基本的「生存」需求，而去追求更高層次的「精神」需求？這實在令人匪夷所思，叫人佩服。那時讀書對妳的「意義」是什麼？

2.那時鄰座同學為妳多準備一個便當，妳妹妹也會把媽媽給她的錢跟妳分享，為什麼她們都願意對妳這麼好？那時她們眼中的「妳」是怎樣的人？為什麼她們願意相信妳是「值得」她們對妳好的呢？

3.妳說自己從小被媽媽虐待，但妳一直有個信念：「我一定要活下去。」哇，我感覺到這句話背後有個好強大的「生命力」。我十分好奇這個強大的生命力哪裡來的？它是如何從妳身上長出來的？後來這個「生命力」又如何幫助妳度過重重的生活難關呢？

以上問題請妳想想，如果有想到什麼，請跟我分享。

祝福妳，

有個美好的一天。

志建

到了晚上，Amy迫不及待打電話給我。

她跟我說：早上看完我給的信後，她整個身體隱隱發熱，突然一股莫名的力量從心底冒出來。然後，她換上球鞋，套上輕鬆的棉布運動衫，一個人跑去逛誠品，買了很多書，接著又跑去永康街吃小籠包、看古董家俱。她說，雖然是一個人，但今天她感到很輕鬆、很自在，很久沒有這種感覺了。**「這是我第一次感覺到自己的腳，可以安安穩穩地踏在土地上的感覺。」**Amy說的時候，聲音是笑的。在電話的一端，我又紅了眼眶。

說這個故事，其實是想讓大家理解：什麼是「敘事」。我的敘事，不光是放在諮商室裡用，我把敘事實踐在生活中，讓它成為我的一部分。我始終認為一個好的治療師，他在諮商室內與諮商室外都會盡量是一致的，我是這麼自我期許的。

敘事絕對不只是諮商室裡面的東西，敘事，它是一種生活哲學、一種人與人之間相互對待的方式。它是一種陪伴，一種療癒，更是一種生活美學，我這幾年是這樣在經驗敘事的。

4 換掉老掉牙的故事

人生不是「非A即B」的兩難習題，打破框框，我們才能從生活的兩難中，殺出一條血路來。

你知道嗎？其實人每天都活在故事中的，不管你開心或鬱悶，所有喜怒哀樂的背後一定都有個故事，只是我們覺而不察，不敢面對罷了。

來找我的案主通常不快樂（廢話，快樂幹麼還花錢找你談），要不是被情緒逼到死角、身心崩潰、沒法生活下去，人是不會去面對的。在我們的文化裡，家醜不可外揚，更叫人容易逃避問題，不去說自己的故事。

不說故事，不快樂就無法解套，人會不自覺、重複地活在老掉牙的故事裡，每天哀怨度日。心理學家吉姆在他**《人生，要活對故事》**這本書裡告訴我們：人得「戒掉」老掉牙的故事，活出自己想要的「新故事」。

如吉姆所言：生命即是故事，故事即是生命。說故事，其實是一個人真誠面對自己生命的重要時刻。「自覺是治療的開始」，這句話是心理治療不變的真理。如果你想換掉生活中反覆的老掉牙故事，那麼，你得先有自覺，並承認它的存在，如此才有可能創造新的故事。吉姆在這本書裡，舉了自己的例子做說明，相當精采。

吉姆本身是一個幫助運動選手做心理諮詢的顧問及心理師，他的工作必須跑遍全世界到處去演講、做個案、開會，因此當然一天到晚都不在家。久了，他跟孩子們的關係越來越疏離，孩子漸漸不跟他講話。吉姆很挫折，但他勇敢承認親子關係的挫敗，並勇於面對親子關係疏離的這個事實（老故事）。

他很想「改變」這個老故事。但要怎麼改呢？

「難道我要放棄現在的工作，在家附近開一間診所，如此就不用東奔西跑、就可以陪伴家人了，是嗎？」吉姆自忖。

不，他知道如果自己做這個選擇，他一定不會快樂的。這樣雖然可以陪伴家人，但因此必須放棄自己喜歡的工作，如此他會變成一個不快樂的人，他得對自己誠實。

難道，人生這樣就無解了嗎？

不，記住：**人生不是「0與1」、「全有、全無」的選項**。我們得打破二元對立的思維，才能從人生的困境中，破繭而出。

吉姆立志要創造「新故事」，他決定在生活的兩難中，殺出一條新路來。

於是，他跟孩子說：「以後只要我不在家的時候，即使人在國外，我必定都會在每晚八點鐘打電話回家，跟你們聊天。你們可以自己決定要不要接我的電話，但我一定會打電話回家。」他對家人做出一個重大的承諾，顯示改變的決心。

從此以後，不管他出差到日本或歐洲，每到晚上八點鐘，即使在開會或應酬，他必定放下所有的事，找個安靜的地方，開心地打電話回家，跟孩子說說話。縱使十分鐘也好，他說到做到。然後，**故事就「改寫」了。**

吉姆的太太告訴他，後來只要他不在家，每到晚上八點鐘，電話一響，孩子都知道是爸爸打電話回來的，然後，兩個孩子就爭相跑著要跟爸爸講電話。

吉姆說，從此以後，即便常不在家，但他對兩個孩子每天的生活卻能瞭如指掌。老大今天在學校踢足球得了冠軍、很開心；老二的好友搬家轉學了，他很傷心。孩子生活中所有的點點滴滴，他都了解、也都聆聽，因此，他跟孩子的關係大大改善了，不再疏離冷漠。

這真是一個「改寫故事」的好故事。

人生不是「非A即B」的兩難習題，打破框框，我們才能從生活兩難中，殺出一條血路來，為自己創造美好的新人生。但要做到這點，人必須先誠實面對自己的「老故事」。**說故事，其實是一種誠實面對自己的生活態度。**我經常這麼說。

如果，你也厭倦了自己一成不變、反覆機械的老掉牙故事，那麼，邀請你，來，說說故事吧。說完老故事，認清楚自己要什麼，你就可以甩掉它，然後重新「訂做」一個你自己想要的新故事。

5 受苦的意義

受苦會驅使人往內心深處走。

——艾克哈特·托勒

人活著，其實是很受苦的（suffering）。

面對生命的苦，有時叫人難忍，但我們卻無法迴避，我們只能面對、接受，這件事，是一種自我療癒歷程，更是一種生命的修行。

這幾年做敘事，讓我發現：說故事，是讓受苦的生命得以解脫的方式之一。當我們說故事，我們就在學習真實地面對生命，這件事，可真不容易啊。

我的博士論文，就是在說自己的故事。當中，我不只看見自己與母親關係疏離的苦，更看見母親生長在一個重男輕女、物質匱乏的大環境裡、努力求生存的苦。

於是，我漸漸明白，人活著受苦，原來是免不了的事。這件事，是有意義的。但這份受苦的意義，得從你去說故事、面對它時，它才得以現身，叫你看的明白。

說故事，幫助我們去面對人生的苦難，進而辨識這個「苦」。這個苦，有它社會文化的脈絡，也有它人類集體意識的壓迫。根據托勒的說法，讓我們受苦的，其實是「小我」意識。小我，是過去記憶的制約。小我，充滿了過去記憶的印記與情緒，例如恐懼、競爭、比較、論斷、憂慮等，小我來自童年經驗與社會集體意識（尤其是扭曲我們的社會文化）。在我的故事書寫中，對這種現象越看越明白。

透過書寫（說故事），讓我漸漸地接受、理解、並允許這個苦。於是，我不再受苦了。後來我才發現：其實人最大的痛苦是無法接受生命的不完美與痛苦。不能接受，叫我們更苦。就像《破碎重生》的作者伊莉莎白．萊瑟（Elizabeth Lesser）說的：「其實我們要挑戰的不是困境，而是面對困境的排斥與抗拒。」說的好，她提醒我們：「苦難，它幫助我們靈魂的提升與進化，也讓我們活著不那麼膚淺。」

這又讓我想起托勒在《一個新世界》書裡說的：「受苦會驅使人往內心深處走。」用伊莉莎白．萊瑟的說法是：「在那個黑暗之處，我發現了我所遺忘的特質、找回我的靈魂，重新塑造了自己。這是灰燼化為翅膀的經驗，我彷彿重生了。」

寫完論文，我的生命出現一種莫名的平安與寧靜，那個受苦的「小我」，漸漸消融。於是，我這才明白了托勒所說的：「受苦其實有一個崇高的目標，就是意識的進化提升和小我的灰飛煙滅。」說故事，幫助我覺知痛苦、同時也幫我轉化痛苦。這就是為什麼我說：說故事這件事，根本就是一種修行。

私塾裡，大家彼此說故事，分享著過往生命的苦與痛，當中，**我們也在「超渡」彼此生命的苦難**。注意，我用**「超渡」**，不是用**「解決」**，請留意當中的區別。

生命的苦難，需要的是一種超渡，它不是解決。超渡是一個儀式、一種歷程，超渡讓我們在當中「經驗」它、體悟它、同時也昇華它。解決是一種介入、改變，需要用力的，如今到了中年才明白：面對生命的苦難，不是用力解決的，生命的悲苦傷痛需要一種緩慢的感通、品味與昇華，用超渡這兩個字最適合。

超渡給出一種東方味的美感。「渡」這個字，很禪味。渡，讓我想到「渡河」，它是一種跨越，裡面有著一艘小船緩緩前行的優雅樣貌。人生，有如渡河，從此岸到彼岸，其實我們日日都在「渡」，「渡」這個字給出一種緩慢的接納與溫厚的包容，不急躁、不用力，裡面有著淡定的禪意，我很喜歡。沒錯，人生的苦，其實也是生命的一部分，我們只能接受它、淡淡品嚐，它有如禪修一般，需要的是定靜、參透、了悟，那就是一種「渡」。

這幾年我領悟到：說故事的歷程，其實就是在「參透」生命的過程，當我們重新參透生命，才得以化解生命的苦痛，這個歷程我們就在「超渡」自己，怎麼說呢？一位研究生叫小楷（化名），他的故事真可媲美小時候電視卡通「苦兒流浪記」的主角。在私塾裡，他說著自己的童年往事與不堪，邊說邊流淚。

五歲時，母親就離家了，因為父親好賭，母親拋棄我與父親以後，父親開始酗酒、不理我，然後把我帶到爺爺、奶奶家，從此父親也消失了。失去母親的父親，也失去了生活的動力，他經常喝酒、賭博，欠了一屁股債。然後，三不五時，黑道會上門來討債，用暴力逼著爺爺還錢，最後逼不得已，爺爺賣了僅剩的眷村國宅給父親還債。從此，我們三人搬到了台北橋下搭鐵皮屋住。

小時候住眷村，我經常被眷村的孩子恥笑是沒爸媽的孩子。爺爺奶奶是做資源回收的，家境清苦，這倒無所謂，我不怕窮，但我怕他們的壞脾氣。他們經常生氣，動不動就罵我、打我，奶奶常罵我是「掃把星」。那時候我覺得自己是一個沒有用的人，活著是多餘的。小學時我曾經想自殺，有一次，我用棉被把自己捲起來，想悶死自己的，但沒有成功。

小學的我就出現各種反社會偏差行為。我在公園裡縱火，等警察來的時候，還裝得若無其事，跑過去看。後來更變本加厲在學校教室裡縱火，幸好當時沒造成大災害。學了心理學以後，回頭看自己，才理解那是我在長期處於暴力壓迫下，內心情緒的反彈。我心裡有一把「火」無處發洩，所以我只好縱火，那是我的出口。

小楷的故事與反思叫人感動也叫人心疼，大家聽得紅了眼眶。

忍不住，有人問他：「你是怎麼活下來的？為什麼後來你沒去當混混，反而可以一路唸書到大學畢業，甚至讀研究所？」

小楷緩緩地回答：「這都要感謝當時的卡通影片。那個年代的卡通都很勵志，什麼咪咪流浪記、小英的故事、小甜甜等，如果沒有這些勵志的故事，我真不知該如何度過當時的艱苦歲月。那時候，我會把自己想像成是卡通裡的主角，總有一天，我會出人頭地，幸福總有到來的一天。透過這樣的想像，幫我挨過無數的煎熬與磨難……」（再次證明，故事是多麼有療癒效果啊）

小楷說他受不了每次跟奶奶要錢繳學費時，奶奶總是給他臉色看，因此上國中以後，他就開始半工半讀。一路上，從唸職校、考二專上大學再唸心理諮商所，小楷全都是靠自己。

聽著小楷這麼說，我深深佩服，心想：「這個人怎麼這麼有韌性，他的生命力怎麼那麼強？」我發現，受苦的生命，生命力都特別旺盛。

一年後，小楷完成了論文。畢業前夕，我又邀請他回私塾說故事。經過論文書寫，說完自己的故事以後，他說他開始想念父親，也產生勇氣、想去找父親。然後，他的故事也「重寫」了。

快過年了，從我有印象以來，爸爸他從沒回家過年過。今年，我突然好想邀爸爸回家過年，不知道為什麼，我對他的恨慢慢消失了，說完故事後，我對他的了解越多，怨恨就越少。

有一天，我鼓起勇氣，打電話給他，藉口說除夕要他回家祭拜祖先，順便邀他回家吃年夜飯。爸爸竟然一口答應，我十分驚訝，卻很開心。

那晚，吃完年夜飯後，我跟爸爸坐在客廳聊天，我買了一瓶金門高粱給他，我自己喝葡萄酒，然後我們父子兩人，就從晚上八點半聊到深夜三點。

喝酒，讓我產生勇氣，我邊喝邊把這些年我生活的辛苦、一個人的孤單、還有對他的恨，統統說出來。爸爸呢，默默喝著酒，眼裡透露著迷茫與愧疚。他說很心疼我，還跟我說：「對不起，讓你受苦了。」當場，我哭了，一直淚流。這句話，我足足等了三十年。

那一晚，我跟爸爸講了很多話，這些話超過三十年來的好多倍。

那晚談心之後，我們父子開始有了連結。畢業典禮那天，我邀請爸爸來參加，我本來擔心他不會來的，但他來了，還帶著一束花來。我開心到說不出話來，一直紅著眼眶。同學們很替我高興，趕過來幫我們照相……

聆聽小楷「重寫」的新故事，大家感動到不行，有人邊聽邊擦眼淚。

小楷畢業後，送我一本他的論文，感謝我及私塾的陪伴。說完故事的小楷，變成了一個「巨人」，面對這個巨大的生命，我很感動、也很感恩。私塾裡，每一個說故事的夥伴都是菩薩的化身，他們用自己生命的苦難渡化自己，也在渡眾生。

早上，隨意翻著小楷的論文，裡面一句話，道盡了故事療癒的真諦：「自我敘說的療癒，就是在『認回』生命中種種的不堪與傷痛。當我承認自己的不完美時，生命卻也同時朝向內在的完整！」

唉，說的真好。故事的療癒，不過如此。

6 不能說的祕密

生命不是應然，而是本然，
我們得接受，生命就是這個樣子。

人之所以活著痛苦，是因為我們經常得活在很多「應該」的框框裡。「應該」經常壓迫到非主流、邊緣的生命，「應該」常常叫人動彈不得。

來到私塾的朋友，他們經常會給出「框框以外」的故事，十分令人感動與疼惜。什麼叫「框框以外」的故事，就是在世俗道德框架下所不允許的事情，諸如：外遇、第三者、同性戀、雙性戀、變裝癖，或小時候被性侵、被家暴的故事等。

說故事是一種出櫃（come out），「出櫃」這兩個字不只用在同志身分的告白，當一個人能勇敢說出自己內在深藏的祕密與隱私時，就是一種出櫃，come out 是需要極大勇氣的，但我覺得：出櫃本身就是力量、就是勇氣。

為什麼要出櫃?因為發生在生命裡的傷痛,如果不能說,不見光,必須壓抑在黑暗的角落裡,這樣的壓抑,其實比事件本身更叫人痛苦。很多的生命「卡」住,動彈不得,都是因為如此,怎麼辦?唯有透過說故事、發聲,才能讓「卡」住的生命,得以通暢,以下的故事就是一個證明。

有一次私塾,小琴(化名)一來就跟大家說:「我今天想跟你們說一個祕密。」私塾裡,說祕密、come out雖已經不是新鮮事了,但大家依舊屏息聆聽。

小琴深深吸一口氣後,開始說起十年前的故事。

那時她跟先生結婚了五年,夫妻關係遇到瓶頸,他們沒有相處不好,但也沒有很好,就是平平淡淡的,如一般夫妻。要是一般人可能都會忍耐,接受婚姻本來就是這樣,但小琴本身是一位有反思的心理工作者,她不想騙自己,她知道自己很不快樂。「繼續被凍結在未經檢視的親密關係,人不只會麻木,而且會更痛苦。」《破碎重生》作者伊莉莎白這句話,完全道出小琴的狀態。

其實先生對她算不錯的,好像沒理由離婚啊,那怎麼辦呢?最後她決定出走,就像小說《享受吧,一個人的旅行》裡面那個女作家小莉一樣。

小琴誠實地跟先生表達自己當時的狀態與心情，懇求丈夫諒解，讓她出去旅行半年，沉澱自己。先生很愛小琴，他答應了。於是小琴當起背包客，出國流浪去。小琴決定去印度、尼泊爾這些比較落後、卻充滿靈性的地方。她的故事就是在尼泊爾發生的。

她在尼泊爾待了將近四個月，在那裡遇見了一個男生，外國人，也是旅人，兩人相談甚歡，最後決定走在一起旅行。旅行的人是孤獨的、心也是開放的，於是兩人日漸親近，滋生愛苗。

但再美好的戀情，卻有如夕陽一般，燦爛卻短暫，它總有結束的時候。就在旅程即將結束前，小琴開始焦慮了，猶豫著是否要跟這個男人走。男人也愛小琴，但男人表示，自己天生愛自由，喜歡到處旅行，是不會固定待在一個地方。如此讓小琴很掙扎，她自忖：「我是一個需要安定的人，跟著這個男人到處漂泊，這是我要的人生嗎？」

不。想了幾天，小琴想通了。她決定捨棄這份不倫之戀，回到先生的身邊。

旅行回來後，小琴跟先生的關係改善了一些，但始終還是隔著距離，因為小琴對於自己旅行中的外遇耿耿於懷、充滿內疚，有罪惡感，她不敢跟任何人說。她發現：那個罪惡感讓她在回來後，讓她經常刻意討好丈夫，她不喜歡這樣的自己。

小琴說完故事後，大大地鬆了一口氣，癱在椅子上，肩膀明顯放鬆了。很多釋放出壓抑許久祕密的人，通常都是如此。接著大家陸續回應小琴。

有人佩服她很勇敢面對自己的真實感受，敢出走，敢去戀愛。有人同理小琴的罪惡感，在世俗的道德枷鎖裡，人其實很難隨心所欲。回應裡，沒有批判、沒有論斷，只有理解。小琴被懂了，坐在那裡，紅著眼眶。

故事，只需要被聆聽、被懂，就夠了。它不需要被評價、被論斷。

以真引真，以故事引故事，這是私塾的特色。於是有人也開始說故事了，一個接一個生命中的遺憾、愧疚與罪惡感，一一曝光。**說故事，其實就像一種「告解」，在故事敘說中，我們解放自己，也救贖自己，故事是生命的良藥。**

生命其實不該用理性的「應然」去看待，我們只能坦然接受：「生命，本來就是這個樣子，它不完美，它也不需要完美。」做一個敘事心理師，我常說我們得把自己變成一個**「厚厚的軟墊」**，好讓我們可以溫柔地承接別人come out的祕密與傷痛，當中，我們不分析、不論斷、不指導、不建議，我們只要把別人的悲傷、憤怒、罪惡感、羞愧、沮喪等，通通穩穩地**「接住」**，這就夠了。

面對生命的不完美，我們需要的，只有慈悲與接納，那就夠了。**慈悲就是愛，愛是最好的療癒良方。**唯有愛與慈悲，可以讓生命得到救贖，這是我做諮商工作二十年最大的領悟。

7 接受生命，才能療癒生命

生命的本質，就是改變，
但人性的本質，卻抗拒改變。
——《破碎重生》

真的，我們沒有權利，對著別人生命的天空指指點點的。生命，只需要被理解、被禮敬，這樣就夠了。

伊莉莎白．萊瑟是個勇敢的人，她勇於面對生命的真實與不完美。在《破碎重生》這本書裡，她真實地袒露自己在婚姻中的外遇，這個外遇經驗，讓她很痛苦、也讓她的婚姻與生命都破碎了，但是，當她真實面對自己的破碎時，最後她也如浴火鳳凰一般，得以破碎重生。

破碎，讓我們得以深深看見自己。如書中所說：「當我的婚姻與外遇都破碎時，我一無所有，只剩下我最人性的自我。不再假裝我可以擁有完美的人生，現在我知道自己是有缺陷的，能夠犯下罪，也能夠愛。」唉，不容易。當一個人願意如此真誠地面對自己時，這樣的一致，會叫生命當下翻轉，並讓自己走入心靈，帶出深層的覺醒與靈性的洞察。

人會逃避、壓抑自己的故事，絕對可以理解，因為它不被主流社會所接受，它會被批判指責，叫人感到羞愧、恐懼。活在羞愧中的人是痛苦的，如果你想把自己從痛苦的深淵中拯救出來，祕訣是：不要對抗痛苦，不要壓抑經驗，面對它，接受它、擁抱它。一旦如此，人就從痛苦經驗中找到智慧與力量。敘事的諮商，我們就是在經驗這件事。

說自己的故事，就是代表著：我承認、我接受，「這就是我」。唯有我們接受生命的真相，並臣服它時，療癒才有可能發生。就如同伊莉莎白說：「當我們不想分享心中祕密的傷痛，你的傷痛就會變質。我們因為無人作伴所感受到的孤單、痛苦、恐懼與渴望，就會變成疏離、嫉妒、怨恨、比較。」這是真的。如果不想要讓你的痛苦經驗，繼續停留在你身上、糾纏你、痛苦不堪，那麼，不如轉身，面對它。

說故事，使我們的生命變得更加真實。人要真實的活著，才能自在過人生。說故事，讓生命成為真實，這就是生命的煉金術。

我發現：當人可以真實面對人生的困境時，生命就會幫我們開啟另一扇門，就如魯米（Rumi）所說：**「當你接受你被給予的困難時，門就會敞開！」**沒錯，說故事，開啟生命的門。而逃避問題、壓抑情緒，就是在壓抑生命，生命的門因此就緊閉。

其實，我們的祕密有時根本不是祕密，當你說出來時，你會發現：大家其實都一樣，都跟你一樣不完美。其實你並不孤單。釋放祕密，反而使你與人更親密、更連結。

有時，我們得學習以慈悲、幽默的方式，來看待自己生命的不完美及困境，如此，人就得以從不完美中得到解脫。**生命很弔詭，你越要完美，就越不完美；你越能接受自己的不完美，生命卻因此變得真實而美好。**我不斷在經驗這件事。

當我們可以面對並接受真實的自我時，才得以擺脫罪惡感的糾纏。你的人生是你自己的，不需要他人來定義你，也不需要過度期待他人的認同，這就是自信。自信來自於自我接納，自信來自於勇敢面對真實，如同伊莉莎白在說完故事以後，她的生命展現了一種成熟溫潤的智慧，裡面有一種力量。她說：

從現在開始，我不再把我生命中發生的一切歸罪到其他人身上，也不再指望任何人來拯救我。我的生命是我自己的，要由我來把我的惡重新洗禮為我最大的善。當我從地底世界揚升時，我發誓要把我那理想化版本的世界拋到腦後。我發誓要每天努力，把我的恐懼轉變成開放，把責備變成責任，把傲慢變成謙遜。我要把羞愧（羞於展現人性）換成那種讓生命變得快樂、仁慈與勇敢的智慧。

透過故事敘說，伊莉莎白讓自己破碎的婚姻與不完美的生命，得以「重生」翻轉、變得有力量。接受生命，才能療癒生命，生命之道，就是如此。

8 說故事，激發生命潛能

說故事，會叫人看見生命內在的渴望，給出人生的方向，並產生行動力。

我曾經在花蓮帶過兩期私塾，每次到台灣後山，都叫我感到興奮無比，我喜歡花蓮的好山好水，更喜歡聆聽花蓮在地教育工作者的生命故事。

那天是最後一次上課，大家心情顯得很輕鬆，卻也依依不捨。課中，A老師開心地跟大家宣布：「我決定明年初要提早退休了。」她說步入中年後，她越來越喜歡輔導工作，但輔導室的行政工作實在太多、太雜，常叫她無法兼顧學生的輔導工作，所以她決定退休。

A是一位有熱情的輔導老師，校長當然挽留她，校長對她說：「妳捨得學生嗎？」A回答的很妙：「捨不得啊！就是捨不得，所以才要退休，這樣以後我就可以專心來學校當輔導志工了。」哈，給出這個理由，叫校長不得不放人。

A興奮地告訴大家，說退休以後，她要回校當志工，她想幫助那些中輟生及功課不好被邊緣化的學生。「我自己以前也是不愛唸書的學生，我可以理解他們的心情，他們不能被我們的體制給放棄、犧牲掉。」A堅定地說。

A老師本身也是原住民，求學之路也不順遂，所以十分能同理這些學生。經過一年的故事敘說後，A老師決定展現強大的行動力，她要採取具體行動去幫助那些弱勢、不被理解的孩子。A說，看見這些孩子，彷彿看見當年的自己。A的退休計畫叫人感動，我知道她在做什麼，透過說故事，讓A看見過去的自己，也認回過去的自己；透過實踐退休計畫，照顧弱勢的孩子，她其實也在療癒過去的自己。

A的故事很叫人振奮，空氣裡瀰漫著一股濃濃的「希望」。B老師迫不及待地回應：「呵，我比妳早退休喔，再過一個月，我八月一日就退了，接著我要開始去實踐我的理想了。」大家一驚。

B也是當了二十多年的輔導老師，去年，她開始著手她的退休計畫。她說，退休後她想要用敘事的方式為社區做點事，她把這行動命名為**「把愛找回來，把愛傳**

出去」，意思是運用「說故事」的方式，訓練當地義工去訪問社區裡的人，找出有特色的「在地故事」，再運用文字、影像等紀錄片方式說故事，讓這些有特色的在地故事得以保存並繼續流傳。

她說：「透過這個行動，我想去聯繫社區居民對地方的情感，並連結人與人、人與地方的關係。社區要有活力，需要有故事，我要用故事把愛找回來做社區營造。」一說到自己的夢想，B頓時神采飛揚，容光煥發。有夢想的人是美麗的。

我十分欣賞與認同這個用故事做社區營造的概念。B的敘事實踐，應證了《沙發上的說話課》作者史東所說的話：**「失去故事，人與人之間就失去寶貴、豐富的聯繫。」**把故事找回來，也把人與人的關係給找回來。

B的故事很叫人振奮。回想起一年前她上我的敘事工作坊後，就迷上了敘事，於是開始認真書寫自己的生命故事。一年後，長達兩百多頁的生命故事誕生，從此，也確認了她自己未來的人生方向。

這是真的，**說故事，會叫人看見生命內在的渴望，給出人生的方向，並產生行動力。**這是我這些年做敘事諮商與工作坊的心得與目的。

這些在地教育工作者的故事與行動力，十分叫我震驚與感動。我開心回應說：「哇，今天妳們讓我見識到一群後山在地『中年婦女』強大的生命力，那股力量真叫人震撼啊！」當「中年婦女」一語說出時，大家立刻笑成一團。

就在轟然笑聲穿透窗外，直達雲霄之際，我眼泛淚光、深深感動，半年來這些婦女們透過不斷地敘說自己的故事，竟然激發出如此強大的生命實踐力，實在不可思議。

故事讓她們找到自己，也使她們成為一個「人」，一個「完整的人」，我想這就是說故事的力量吧。

9 說故事的靈性片刻

當一個人開始說故事，他的生命就開始產生流動。
當一個人開始說故事，他的軀殼就有了靈魂。

敘說的論文有兩種。一種是自我敘說，就是單純寫自己的故事。另一種是寫他人的故事，像是有人寫過單親媽媽、外籍配偶、中年男子的故事等。

我常跟一些研究生說，即使是寫他人的故事，研究者也絕不是站在一個客觀的立場去書寫。說故事，本身就是主觀的事。在你的敘說裡，已經隱含了你的價值、想法，甚至是偏見。因此，即使敘說他人的故事，研究者也一樣要說自己的故事，如此，讀者才能理解：為什麼你會這樣「看」這個人，你說故事的「立場」為何？這是敘事裡所重視的「互為主體」概念。

小君（化名）是一個研究生。她參加我私塾的原因之一，就是因為她要寫敘說的論文，她以前是位護士，論文想寫她以前在醫院陪伴癌末病患的故事。但寫到一半，她「卡」住了，寫不下去。

我跟她說如果寫不下去就先放下吧。「無法寫病人的故事，沒關係，那就先說說自己的故事吧。」我邀請小君說自己的故事。故事，得先從自己說起，這是學敘事的基本功。

私塾，是一個「以故事養故事」的場域。別人的故事會觸動我們，讓我們看見自己，當我們被感動、被激發時，就更容易說自己的故事了。

「以真引真」。曾經有人用脫衣服做隱喻，來比喻私塾裡說故事這件事。意思是：說故事就像在別人面前脫衣服一樣，每說一個故事、就脫去一件，最後大家可能都赤裸相見了（哈，像是參加天體營）。當中，你看別人脫了，發現那好像也沒什麼嘛，於是你也跟著脫了。私塾裡，大家彼此真誠地說故事，真的像在「天體營」一樣，大家掏心掏肺，給出最真實的自我。

有一次，一位夥伴說了自己父親最近罹患癌末的故事，讓我們討論到臨終陪伴、死亡議題。那一次，很意外地，小君特別激動。在大家邀約下，她說出一個曾經讓她很痛的故事。

故事中的靈性片刻

幾年前，小君還在當護士時，一位年老的榮民老伯伯，因為癌症長年躺在病床上，他身上插著管子，活得痛苦不堪。因為痛苦，他常會偷拔管，不想活了，於是醫院把他的雙手綁起來，以免他拔管自殺。

有一回，輪到小君值班。那天，小君看到老伯伯神情落寞，特地過去跟他說話打氣，逗他開心，後來小君聞到伯伯身上有股臭味，於心不忍，她就幫老伯伯鬆綁，徹底幫老伯伯擦身體清洗一番。

清理後老人感到清爽，臉上也浮現出久違的笑容，他的眼神充滿了感謝。小君讓老伯伯依偎在窗邊曬著太陽，她心想，就讓他多坐一會兒吧，曬曬太陽有益身心健康，不急著把他放回床上綁起來。於是她跟老伯伯說：「伯伯你坐這兒曬一下太陽，好舒服喔，我馬上就回來。」老伯伯笑笑、點點頭。

小君離去前，不放心又回頭說：「伯伯，你要乖喔，不要拔管喔。」老伯伯再點點頭，小君這才放心地離去。

不到十分鐘，小君再過去時，卻驚覺伯伯偷拔管了。小君嚇壞了，趕快推車送他去急診室。

「我用力推著病床，一直哭、一直大叫，整個人快崩潰。」小君紅著眼說：「我一方面很氣自己，後悔鬆綁了他、放他一個人，但一方面也很氣老伯伯不遵守諾言。他騙了我。他怎麼可以騙我……」小君忍不住大哭。

壓抑了多年的眼淚，決堤了。流出許多的悲傷、委屈、不捨、難過、氣憤……

情緒平穩後，我問小君：「這件事帶給妳什麼影響呢？」

小君怨嘆地說：「讓我從此不再相信病人。我決定不要再對病人有太多的同情心，一切按照規矩辦理。但不久之後，我發現自己不快樂，我不喜歡這樣的自己，我不喜歡當一個冷冰冰的護士，我的心情好矛盾，所以才決定辭去工作來唸研究所……」小君說著，眼裡透露著悲傷、無奈與矛盾。

就在聽完小君故事的同時，我腦海裡突然出現一個聲音：**「對不起！」**

是我幻聽幻覺嗎？不。我確定，真的是「對不起」。沒錯。

我不明白它是從哪裡來的，但我想，這個「對不起」對小君一定很重要。我要怎麼告訴她呢？我可不想嚇到她。

就在我猶豫的當下，坐在小君旁邊的小婷突然開口了：「如果我是那個老伯伯，我會想跟小君說對不起耶。」啊，簡直天助。

我立刻對小婷說：「那妳可不可以轉過來，面向小君，當作妳是那位老伯伯，把他心裡想對她說的話，說出來呢？」（角色扮演，這是心理劇裡常做的事）

但小婷可從沒受過心理劇訓練。當下，她毫不猶豫地轉向小君，用憐惜的眼神看著她，緩緩地說：「護士小姐，對不起，我不知道我這樣做會帶給妳這麼多的困擾跟痛苦，當時我只想要趕快解脫，因為我活得好痛苦啊。感謝妳幫我解脫，我現在過得很好，請妳不要難過，不要自責，好嗎？這不是妳的錯……」

當那句**「這不是妳的錯」**一出現時，小君的淚水又決堤了。

老伯伯繼續說（透過小婷）：「真的很對不起，害妳難過自責這麼久，妳這麼好心、善良，我真的不想傷害妳。我不是故意要欺騙妳的，我真的活得好痛苦，謝謝妳幫我忙、幫助我解脫，我要感謝妳，但也要跟妳說抱歉，請妳原諒我，對不起……」

當下，所有的人都感動到紅了眼眶，小君低著頭、啜泣。然後，說完話的小婷，緩緩伸出手握住小君的雙手，默默地不再說話。對話，就停在老伯伯的感恩與致歉中。那一刻，我們共享著美好的靈魂交流的靈性片刻。

那次私塾以後，很神奇地，小君開始可以寫論文、說故事了。長久以來一直遲遲無法動筆的論文，終於有了進展。

太好了！她「通」了！

人無法說故事，常是因為有一個重要的情緒過不去。透過說故事，可以幫助我們疏通「卡」住的情緒，讓人重新解脫，獲得自由。

小君的故事，充分應證了敘事裡的一句話：**「當一個人開始說故事，他的生命就開始產生流動。」**確實如此，但我更發現，當一個人開始說故事時，所有的靈魂都會在說故事的當下片刻，與我們相遇、交流著。說故事，其實是很靈性的片刻，這是我這些年做敘事的深刻領悟。

10 存在性的相隨

我們真的要相信生命自有它的出口，生命只需要用生命去陪伴，就夠了。

聆聽故事，是一種很美、很有質感的陪伴生命方式。

但聆聽是有要訣的。在敘事的聆聽裡，我們不分析、不論斷、不指導、不建議，我們的聆聽，是帶著好奇、欣賞、理解、慈悲與愛，進入案主的生命，當生命被感通接納時，療癒自然產生。年紀越大，越明白生命不需要太多的介入，只要聆聽，深深聆聽，就夠了，這是我敘事課程裡常講的「存在性的相隨」。什麼叫做**「存在性的相隨」**？我說個故事，你便明白。

有一天，一個媽媽來找我談話，她告訴我，她的兒子小威（化名）無法上學，她很焦慮，不知道該如何幫這個孩子。一進諮商室，這位母親就迫不及待開始跟我說兒子的故事。

小威是一位高中生，高二時跟同學發生了衝突，讓他從此無法專心上課，在學校也不跟任何人交談。他功課本來不錯，現在卻大大退步，學校導師找媽媽去談話，媽媽很擔心無助，後來帶小威去看精神科醫生，醫生診斷是憂鬱症，開藥給小威吃，但小威看了兩次精神科醫生就不去了，因為他不喜歡醫院，後來就由媽媽定期幫小威到醫院拿藥。吃藥之後的小威開始不去學校，最後因曠課太多，只好辦休學。休學在家的小威，把自己關在房間裡，幾乎很少出門。小威在家時不是沉默、就是發脾氣，甚至鬧自殺。媽媽很擔心，每天以淚洗面，不知該怎麼辦？這是他們唯一的孩子、唯一的希望，後來在別人的推薦下，她來找我諮商。

我一邊聆聽，一邊同理她做母親的焦慮與無助，並邀請她下次把小威帶來跟我談談看。小威剛開始當然不肯來，在媽媽連哄帶騙下，才勉強前來。小威來談時，大多沉默，眼神無法與我接觸，身體僵硬緊張，常常都是我發問了，他才勉強擠出幾個字，不然就是不說話。我耐心地靠近他、聆聽他，並允許他目前「就是這樣」。於是，漸漸地，他在我面前越來越放鬆了，雖然話依舊不多。

到了第三次晤談，終於有了驚人的突破。那一次，他一來我就問他在家裡都做些什麼？我很好奇他是怎麼度過他的一天的？我邀請他說故事。

小威吞吞吐吐地說：「沒有啊，就是睡覺，什麼都沒做。」

「什麼都沒做？」我不放棄，繼續探問。

「偶爾看看書啦……」他回答。

「看書？看什麼書？」我表現出驚奇的表情，抓住這個線索，繼續問下去。

「沒有啦，就是一些歷史小說。」

「歷史小說？」我故意提高音調，表現出更多的好奇：「那你最喜歡哪一部歷史小說？」

「三國志！」這是小威回答的最快、最肯定的一次。

「三國志？」我張大眼睛，故意大聲地再強調一次。

「這本書我已經看過十幾遍！」小威補充，我再做出吃驚狀。

「十幾遍？你可以跟我分享一下你看這本書的心得嗎？為什麼你這麼喜歡？我對三國演義的印象只停留在歷史課本跟電視劇，很模糊了。」

接著小威開始如數家珍一般，跟我娓娓道來。第一次，我看到小威如此多話，說話的他，臉上泛著亮光。最後我跟小威說：「下次你可以把三國志也借給我看嗎？聽你這樣講，我好想再看一看喔。」小威有些遲疑，卻顯得開心，他答應了。那一次，他離開時，臉上帶著笑容，他的母親十分訝異。

小威跟我晤談了兩個月，情緒稍有好轉，話也越來越多。

小威沒有朋友，我可以感受到他的孤單，我鼓勵他多交朋友，並幫他找資源（如他的表哥、國中同學等），但我知道：此刻我是第一個跟他建立「關係」的人。「我」，就是他最好的資源、朋友。每次跟他談話完後，我都會陪他走下樓，穿過校園，走到大馬路，然後跟他說再見。每次，他也都會回頭，跟我揮手說再見。為什麼要**「陪他走下去」**？我也說不上來，就是「直覺」，我想這樣做。他是第一個我想這麼做的個案。

有幾次，小威吃了藥，爬不起來，不想來談，媽媽總是打電話來問我怎麼辦？我總說：「不要勉強，就讓他去吧。」也不知道第幾次以後，小威就沒來了。我沒刻意去問，我總相信：有需要的時候，他自然會再來。其實當時內心裡還有個微弱的聲音在說：「或許我對他的幫助不大吧，我不見得是那個可以幫助到他的人。」

半年後，我又接到小威媽媽打電話來，她說小威想跟我談，這讓我感到有些訝異、甚至驚喜。

那時剛過完年，我們又見面了。這次，小威變了很多，除了變胖一點以外，最大的改變就是他的眼神，他的眼睛閃閃發亮，看起來很有精神，說話時已經可以直視著我了。

他分享上次跟我談完之後的經歷，他跑去補習了。他覺得大學文憑還是很重要，所以他勉強自己出門，去補習班上課。他說上個月剛考完學測，當他在說這件事時，我注意到他眼神裡露出一絲得意。我立刻問他：「考的如何？」他開心又謙虛地說：「還可以啦。」他覺得至少有公立學校可以唸，他很滿足了。我問他想選什麼科系，他毫不猶豫地告訴我：歷史系。我立刻回他：「喔，對了，我記得你喜歡唸歷史小說，尤其是三國志，是不？」聽我這麼一說，他瞪大眼睛，很驚訝：「你還記得喔？」

「我當然記得！」我回得斬釘截鐵。接著，他更自在了，我們就像老朋友一般，聊著他想選的科系。

跟他談完後，心裡有一種說不出的喜悅，我高興了一整天，彷彿是自己考上了大學一樣。我辨識那個喜悅，喔，原來以前灑的「種子」，發芽了。這件事對我意義非凡，而那個意義是它讓我更加確定相信：生命自有它的出口，生命只需要用生命去陪伴，就夠了。

這些年做敘事，讓我學會不再用傳統要求效率、急於要求案主要改變的方式做諮商，**案主要不要改變？何時改變？生命自有它的「節奏與韻律」，我們得尊重。**如果時機未到，諮商師太急於要案主「改變」的話，那是「揠苗助長」。生命轉化，需要時間的，有時我們都太急了。感謝小威的再次出現，他讓我確認這件事。不但如此，他也讓我知道：原來我之前的「用心」陪伴，不是浪費時間，對他是有幫助、有療癒效果的。這讓我想起亞隆（Yalom）在《生命的禮物》書中所說的話：「治療之美，在於病人和治療師緊緊連結在一起，讓真正的改變動力（治療關係），得以萌芽。」亞隆很強調治療關係，他認為那是治療中產生療效的最重要因素。此刻，小威的出現，他也在告訴我這件事。

最後，我還問小威：在我跟他的晤談中，什麼令他最印象最深刻？

他想了一下，說他印象最深刻的是：每次他跟我談完後，我都會陪他一起走下樓，然後跟他說再見。

他的回饋，讓我很十分驚訝。對喔，我是「陪他一起走下去的」，沒錯。

突然間，**我得到一個領悟：「陪他一起走下去」這句話，其實是一語雙關，我不只是「形式上」的陪他走下去，更是「心理上」的陪他走下去。**

怪不得半年後，當他考上大學，他願意再來找我，與我分享他考上大學的喜悅。他說他很感激我陪伴他度過那段辛苦歲月，因為那個陪伴，讓他後來產生動力想考大學，也讓他可以勉強自己出門去上補習班。

那次晤談，是我跟小威的最後一次。

結束後，我依舊陪他走下去，一如往昔。我們穿過校園，無語，到了馬路，他的父親突然出現在校門口等我們。看見我，他微微欠身，趨前，把手裡的水果禮盒遞給我，然後說：「周老師，這段時間麻煩你了，謝謝你陪小威走過來，我只有這個孩子……（哽咽），他能考上大學我很意外、也很高興。這點小意思，請您收下。」心理師是不收禮的（這是行規），但這次，我知道我得收下。我收的，不只是這份禮，更是一個父親對孩子深深的愛。這份愛，我收下的同時，兒子也會看見、然後收下。

夕陽餘暉下，小威最後一次跟我道別。望著他與父親離去的背影，我深深觸動，這讓我想起了我的父親，我們也曾經漫步在夕陽餘暉中。就在他們走了幾步後，小威突然回頭，跟我揮手大聲的說：「周老師，再見！」這一刻，我們深深對望，交換了對彼此的祝福。漸漸地，那對父子緩緩消失在夕陽中，留下我一個人，佇立在風中，良久。

於是，就在此刻，我突然想起余德慧老師說過的一句話：「生命的療癒，必須超越治療，發展出一種『存在性相隨』的深度陪伴。」我跟小威的故事，想說的就是這件事。

11 私塾，一種集體療癒的共修道場

在私塾裡，透過故事的聆聽與回應，
我們創造了一個集體療癒的空間。

開辦敘事私塾，其實是我的另一個「另謀出路」。

因為不滿意現行學院裡以專業證照化為取向的諮商教育，我想帶出一種「不一樣」的諮商教育方式。這種教育，真正回到人的本身去看見，不是為了考證照而被迫硬去「吞食」一堆專業知識。我的私塾，有一種「反體制」的象徵意義，當然，其中也有我非傳統的敘事理念與特殊個人成長背景因素。

為什麼叫私塾？

在蕭宏慈的《醫行天下》書裡，我看見了這麼一段話：「跟了師父之後，慢慢發現，想要真正掌握中醫，必須有潛移默化的體會。……對中醫教育而言，師父手把手的言傳、身教太重要了，而這恰恰是現在的中醫教育體制裡最缺的一塊。」

這段話說的好像就是我們現在教育裡所缺乏的。**「手把手的言傳」**，就是身教沒錯，這是一種很美的生命教育，我要的私塾就是這樣的精神。

私塾裡，大家說著自己的生命故事，我們不但「手把手」，還「心連心」，只有生命可以教導生命，我始終認為。在這個生命交流的場子裡，我們創造了一種集體療癒，這是一個共修的道場，這裡，每一個生命，都是你的老師，都是菩薩，我在這個場子裡充分感受到「人人皆佛」，私塾裡也同時充分展現了「互為主體」的敘事精神。

說故事需要一種氛圍，一種浸泡，私塾提供了浸泡的「空間」。生命在這裡潛移默化，彼此療癒滋養，最後每個人都長出自己的力量，這跟目前學校體制走向證照化，強調理知專業知識的氛圍截然不同。

當中最大的不同是：敘事私塾提供的是「生命知識」，不是「專家知識」。這種生命知識，是透過故事敘說，彼此聆聽對話，創造出一種集體生命療癒。在故事中，我們的生命被看見了，因為看見，讓生命得以重新改寫並翻轉。誠如私塾夥伴阿元在論文裡，書寫了一段他在私塾的經驗：

> 敘事私塾中的學習和從前自我書寫的經驗很不同。在自我書寫的過程與經驗裡，我經常會緊抓哀傷不放，用理性文字說服自己跳脫悲苦位置，儘快步上療癒之路。然而在敘事私塾中，我看見的是一個共修團體中彼此敘說自己的故事，也在傾聽別人故事並且學習回應，「以故事回應故事」中，我們在彼此故事裡看見許多生命共同的痛苦，以及個人處境的樣貌，而在彼此的故事與回饋裡，也開始看見某些我們「視而不見」的價值和權威，是如何形塑與壓迫我們原本的面貌與姿態。

近一年下來，我們彼此「見證」著每位夥伴生命的開展和專業的實踐，而我本身也漸漸長出一種對他者與自己「成為一個人」的複雜性理解。這樣的感知，就如同蔡美娟（二〇〇七）所言：「同時在不斷地以書寫作為一種回看、辨識、抒懷、論述及推動自己前進的行動中，我越來越清晰地看見，在我們這樣集體的書寫前行中，有一些非常重要的後設知識在其中，而這些知識正是我們之所以可以自我療癒並且成為可以療人的專業工作者的重要基地。」（王佳元，2010，p.26-27）

以上是阿元的書寫及他在私塾的經驗與見證。

確實，獨自一個人寫故事，跟大家集體說故事的感覺，是很不一樣的。在敘事私塾，我們集體說故事，當中創造一種關係的連結，這種關係連結也是生命的連結，於是我們的生命得以被支持與滋養；在連結中，也讓我們深深看見自己，這種看見，不是理性的看見，而是一種深層的生命感通。私塾是一種溫柔的陪伴，它就像一群人「圍著營火」的感覺，我們在彼此的生命故事中取暖、感到安在，並有歸屬感。

在私塾裡，透過故事的聆聽與回應，我們創造了一個集體療癒的空間。猶如克羅斯利（Crossley）所言：「在探索個人故事時，很重視人際對話，我們需選擇一位聽者，為故事提供一個堅強的支柱。而在這過程中，聽者也可能開始思索自己的故事。」

於是，我突然發現：敘事私塾，就是一個「成己成人」的道場，我們在這裡療癒自己，也療癒他人。我想，再也沒有比這更美好的事了。

第五章

神奇的隱喻魔法

當我們給出隱喻的同時，
也帶出一種深刻的自我覺知。
隱喻有如神奇魔法般，
給出一種深度的看見。

1 隱喻的魔力

當我們給出隱喻的同時，也給出一種深刻的自我覺知，
隱喻讓別人懂了我，也讓自己當下懂了自己……

說故事的形式有很多種，其中最引人入勝的，就是運用**隱喻**（**metaphor**）。如心理學家亨利．克羅斯（Henry Close）所言：透過故事與隱喻將使諮商的型態變得更加豐富又有趣，過程也充滿了驚喜。確實，隱喻的故事，經常是引領個案通向「領悟」的管道，為生命找到新的出口。

什麼是「隱喻」？其實不難理解。它是一種譬喻，一種圖案式的想像。

你最近很忙，忙得團團轉，如果你這樣形容：「喔，我最近忙得像陀螺一樣，轉不停，轉得我頭昏轉向。」這就是隱喻。隱喻一出，馬上帶出一個生動畫面，讓人可以想像，幫助人理解。隱喻充滿了想像與「感受性」，它是十分生動活潑的語

言表達方式。

當我們善用隱喻來「說」自己時，人的狀況立刻被圖像化、感官化、立體化，它會形成一幅畫面，帶出深刻感受，被人看見、理解、明白。

隱喻的語言不但貼近人，還會帶出一種「透光」的理解。所謂「透光」，它是一種靈光了悟，一種不經過腦袋思考的忽然明白。這種明白，不是理性的，它超越理性，進入一種靈魂層次的「看見」，這種看見，如同電影「阿凡達」裡說的：「I see you!」

隱喻是很美的語言，它也是一種文學。文學之美，就在於善用隱喻來描述人物與事件，透過隱喻的描述可以帶出豐富的想像與深刻的情感記憶，它是一種高層次的情感表達技術。

有次一位個案來跟我談話，他是在科學園區工作的中年主管。他跟我說，從大學畢業到現在已工作二十年，每天重複一樣的工作，讓他感到十分厭煩。雖然在別人眼中都認為他很幸運，工作穩定、薪資高，但他一點都不快樂。

每天重複的生活方式，讓他覺得自己像個機器人。雖然工作穩定，但他的心卻浮躁，那時他用了一個隱喻說自己：「我覺得這二十年來的生活，我有種好像一直浮在半空中，雙腳沒有辦法踏在地上的感覺。」

因為這個隱喻，叫我馬上懂了。什麼叫做「一直浮在半空中，雙腳沒有辦法踏在地上的感覺」？只要閉上眼睛想像一下，你就明白。這個隱喻帶出一種「茫然、空虛、不踏實」的感覺，感覺到了嗎？

隱喻的語言一出現，畫面自然就出現，於是人就理解了，也同理了。**當我們給出隱喻的同時，也給出一種深刻的自我覺知。**隱喻讓別人懂了我，也讓自己當下懂了自己。懂，就是自覺，自覺是治療的開始。

運用隱喻，不是治療師的專利，很多個案也很會善用隱喻，目的是為了讓治療師懂他。有一次，一位憂鬱症的個案告訴我她養了一隻貓，她一方面批評她的貓很壞很調皮，想要把牠送走，一方面卻又說牠很可憐、很孤單，都沒有其他的貓願意接近牠。

我一方面同理她養貓的心情，一方面卻也用新的眼光去看她的貓。我告訴她，多娜（貓的名字）是一隻很有創意的貓，牠會運用各種方法去親近主人，我覺得她跟貓之間的互動是一件很生動有趣的事，這也讓我想起自己小時候養貓的快樂時光。

諮商結束後，她眼裡泛著淚光，鄭重地向我道謝，她說自己就像她的貓一樣，常常覺得孤單又惹人厭，她很高興有人懂她的貓（當然也代表有人懂她）。

如此隱喻的諮商，裡面充滿了理解、包容與美感。當中沒有對錯、沒有批判，只有接納與包容。運用隱喻與來談者對話，讓我的諮商會談變成一件生動有趣的事，我經常享受其中。

2 隱喻故事的家庭療癒力

說，是一種「權力」的象徵。
透過讓爸爸說故事，突然，家庭動力也改變了。

小婷是我私塾的學生，也是寫自我敘說論文的研究生。她的論文，在寫自己家庭的故事，尤其是自己跟父親、母親的關係。

經過一整年的書寫，小婷終於完成她的論文。在反覆的敘說與書寫裡，小婷深深地看見父母、也看見了自己。小婷說：說完故事，像是「脫了一層皮」一樣，展現了一個全新的自我。

有一次「敘說之夜」講座，我特地邀請她回來私塾分享她的故事與論文書寫歷程。一開始，小婷就用了一個很傳神的「隱喻」，帶出她與父母之間的家庭關係。

「在鄉野間，有一台野狼125載著兩個人，前座的男人穿著棉背心、深藍西裝褲、藍白拖，後座的女人側身而坐，穿著旗袍、高級皮鞋、手上拿著釣魚竿，釣竿上掛著新鮮的魚苗，機車不斷地前進……車後跟著一隻汗流浹背的小花貓，她想吃釣竿上的魚苗，但怎麼也吃不到，生氣的小花貓真想一口咬住女人的小腿肚……」這是小婷精采的開場，這個傳神的隱喻，立刻讓小婷的家庭樣貌展現無遺。

然後，她開始解釋：「這隱喻故事中的男人是我父親。他出生農家，需要靠辛勤勞動才能換取溫飽，他是勞工階級的賺食者。這女人當然是我母親。她是優雅、高尚、精明能幹，出生在中產階級家庭的千金女，她擁有較好的教育資源。然後那個釣竿上的魚，指的就是『世俗成就』，而那個小花貓就是我。

為了得到母親的認同、符合母親眼中的主流價值的功名成就，我一直很努力往上爬，向前奔馳。但不管我再怎麼努力，卻永遠也達不到母親的期待，我很無力、也很生氣。我對母親是又愛又恨……」

小婷很會說故事，短短的一段話、一個隱喻，就把自己跟父母之間的糾纏關係，交代的一清二楚。這段隱喻，充滿了文學的美感與趣味。

小婷一開始其實是想寫自己跟母親之間愛恨糾纏的關係，她一路寫的很拉扯、很辛苦，如同自己與母親的關係一樣。那期間小婷邊寫邊哭，論文初試時，一位口委跟她說：「小婷，妳停一下，不要急，先沉澱一下再說吧。」

就在那時後，她剛好加入私塾。

有一次，她聽見別人講父親的故事，小婷突然驚覺到：在自己的論文裡，卻從來沒有出現過父親這個角色。怎麼會這樣？

進一步，小婷更發現：父親在家中，幾乎是個隱形人，他是一個「沒有聲音的男人」。

不知怎麼了，小婷突然很想去理解這個沒有聲音的男人，那是她的父親，她驚覺自己對父親很陌生。於是，我邀約小婷開始說父親的故事。然後就在故事中，小婷第一次看見自己的父親，也開始理解了那個「沒有聲音的父親」。

喔，原來那個勞動階級出身的男人，一直被另一個中產階級、力爭上游的貴婦貶抑著，所以無法發聲。貴婦母親老嫌父親很土（俗）、沒知識。在家裡，母親是女王、是高高在上的獅子，家裡大小都由她發號施令，父親是沒有聲音、沒有權力的。更可怕的是，小婷突然意識到：「因為母親看不起父親，而為了得到母親的認同，連帶家裡所有的孩子也都看不起父親。」天啊！

這個發現讓小婷很震驚，心裡也感到很悲哀。原來，**她為了認同母親（其實也是在認同主流價值），因此失去了與父親的連結。**透過說故事，讓她對自己的家庭動力有了深刻的看見與明白。

不只如此，小婷還發現到：父親的沉默，其實不光是一種自我壓抑，當中更是一種「成全」，父親在成全我們文化說的「家和萬事興」（你看，誰說父親是沒知識的土包子）。原來，父親不但不是沒知識，而且他還是個實踐者。**父親的沉默，其實是他愛這個家的方式，小婷懂了。**這個看見，叫小婷對父親感到深深抱歉與心疼。

小婷的看見，也幫我去看見我父親。我也有一個沉默的父親。

我的父親在強勢母親的壓抑下，一樣失去了聲音。現在，我也終於明白：父親是為了家庭和諧，才選擇沉默、忍讓的。在別人的故事裡，讓我們同時看見自己，這是說故事所帶出的**集體療癒**。

從那一刻起，小婷的論文有了「大轉彎」。小婷開始書寫父親的故事，於是，她也開始「靠近」了父親。說父親的故事，讓小婷把自己的父親給「認」了回來，同時，也把自己給認回來。怎麼說呢？

有一次私塾課裡說故事，讓她回想起小時候在鄉下爺爺奶奶家長大的快樂時光，突然，她找到那個從小赤腳奔馳在田野的自己。「啊，那就是我啊！」在故事裡，小婷找回了最原始的自己，小婷開心極了：**「原來那就是我的根，我的原型。」**

回想當初那個赤腳的鄉下野孩子，被帶回到都市時，經常被高貴的母親訓誡，說她是不穿鞋子、不乖的「野孩子」。於是，小婷開始穿上鞋子，也穿上文明的外衣，跟隨著母親的腳步，努力往中產階級邁進。

就這樣，小婷越來越向母親靠攏，跟母親的關係越來越親密、也越糾纏。同時，她老早就把鄉下的「俗」父親甩得遠遠的，因為她要像自己的母親一樣，努力成為「上流社會」的人。

故事越說越叫人明白，小婷發現：**跟父親的疏離，其實也是跟自己的疏離**，難怪這些年她總覺得生活少了什麼，生命常感到空洞、浮躁。於是，小婷開始展開一段「尋根」之旅。

那時剛好是清明節，小婷主動邀約父親回竹南老家掃墓，父親很意外，也很高興。跟隨父親回老家給爺爺掃墓時，小婷第一次從父親那兒聆聽到很多以前未曾聽見的故事，關於父親、關於爺爺奶奶的事。這些故事，後來都被她寫進了論文裡，成為她生命的一部分。於是，在故事裡，小婷重新認識了父親，也認回小時候那個「野孩子」的自己。

寫完論文時我問小婷，妳的論文會想給父母親看嗎？剛開始小婷有點猶豫，但最後還是很勇敢地給出去。父親看過後，竟然寫了一封信「回」給她，叫她感動不已。因為故事，創造了這對父女關係新的連結。

自我敘說論文的精采處，就在於它是**「活的」**，它是有生命的。這樣的書寫，不光是自己寫的爽就好，它更成為我們理解自己、理解家人，也幫助他人理解我們的「溝通橋樑」。故事中的主角，透過文本可以對話並相互理解，於是創造了一種「互為主體」的關係。

不只如此。就在小婷要口試前，我又問小婷想不想邀父母親來參加口試。這次她毫不考慮，馬上決定邀請父母參加。

父親本來拒絕的。「妳媽去就好了嘛。」但小婷堅持，跑去跟父親撒嬌，說他去對她很重要，最後父親答應了。那次的口試聽說很精采。

口試當天母親盛裝打扮，並把口試現場打理的「完美無缺」。這就是小婷的母親，沒錯。口試中，意外地，口委竟然邀請在場的父親補充說明他那年代的故事，這給了父親「發聲」的機會，頓時間，父親成為口試的焦點。這當然讓母親很不開心，別忘了，長久以來，母親才是家裡的發言人。那一天大家把焦點放在這個男人身上，卻沒讓她說話表現，母親因失去鎂光燈而感到失落，當然生氣。

說故事就是發聲，發聲是一種「權力」的象徵，透過讓爸爸說故事，讓這個家庭的家庭動力也產生了改變。

口試後，小婷的家庭出現了大變化。她發現：原本在家沒有聲音的父親，開始有聲音了。以前什麼都隨便的爸爸，現在竟然開始嚷著說：「我要吃蛋糕、我要吃……」更不可思議的是：晚餐後母親也開始與父親一起坐在客廳裡看電視、聊天，像是老情人一般，這是以前絕不可能發生的事。對這些改變，叫小婷既驚訝又感動。

想不到透過一本自我敘說論文的書寫，竟然做到了**「家族治療」**，這要是說給傳統的家族治療師聽，誰會相信，但這是事實。

小婷花了一整年時間，邊說邊寫自己的家庭故事，藉此，她疏通了自己，更**「疏通」**了自己與父母親的關係，同時，還創造父母之間彼此的了解與看見，這是誰都始料未及的事。像這樣因為說故事而帶出家庭關係的改變與療癒，在我的私塾裡，是經常發生的事。

3 隱喻，最美的親子教育

隱喻故事具有滲透力，它會留在孩子心中一輩子，成為孩子「被愛」的印記，帶給孩子力量。

隱喻不只運用在文學寫作或治療工作，更可活用在我們平常生活中，幫助我們與孩子溝通。隱喻是絕佳的「教育工具」，怎麼說呢？

二〇一一年，網路盛傳日本有一首很有名、很好聽的歌叫**「廁所女神」**。這首歌由日本歌手植村花菜所演唱，在長達十分鐘的歌裡，她邊彈吉他、邊唱歌，那份誠懇的神情好像是在跟人說故事一樣，很觸動人。這首歌講的是她與外婆的故事，說她從小與外婆住在一起，生活的點點滴滴，故事很平實卻動人，每次我都聽到紅眼眶。

從小學三年級開始，植村花菜就跟外婆住一起，她跟外婆有許多歡樂的時光。她們會一起下五子棋、外婆會帶她去吃鴨肉麵。日本很注重孩子的家庭教育，小孩從小必須幫忙做家事，這是天經地義的事，但是她很討厭掃廁所，外婆為了要她幫忙打掃廁所，於是告訴她一個隱喻故事。

外婆說：「每一個廁所裡，都住了一個美麗的女神，如果妳把廁所打掃的乾乾淨淨，長大以後，妳就會變成跟女神一樣漂亮的女生喔。」

孩子總是喜歡聽故事的。孩子的世界是一個充滿想像的世界，隱喻就是想像力的實踐；隱喻給出一種想望，讓孩子對生命有了期待，當一個人有了想望、有了期待，自然就會帶出行動力，這就是隱喻故事的魔力。「廁所女神」這首歌，應證了這件事。外婆運用隱喻教育孩子，這是愛的教育，叫孩子一輩子想念。

隱喻總是令人著迷，為了想要變成跟女神一樣美麗的女生，於是植村花菜每天一定把廁所刷洗的乾乾淨淨，她內心深深期盼著長大以後，一定要當一個漂亮的新娘。因為隱喻，讓孩子有了快樂的夢想與實踐的行動力，這樣的教育有多美，不是嗎？

長大後，植村花菜開始忙著自己的生活與談戀愛，跟外婆越來越疏離，直到外婆生病、住院、並離開人間，她才後悔著自己來不及回報外婆的養育之恩。因為懷念外婆，於是她創作了這首歌，藉由這首歌，她不僅緬懷外婆，同時也在療癒自己的悲傷與失落（唱歌也是說故事的一種展現方式，當我們說故事，療癒就會開始）。

在工作坊裡，我偶爾會讓學員聽這首動人的歌，藉此講解隱喻的療癒力。我常在想，如果每個父母都能用「隱喻故事」的方式來教育孩子，那孩子的問題絕對會少了一半以上。**「不是孩子有問題，而是教育方法出了問題」**，我總這麼認為。

善用隱喻做親子教育，會讓父母省很多力氣，同時又可以讓孩子感受到父母的愛。我常在想，如果母親也可以像植村花菜的外婆那樣對待我及我的兄姐，那該有多好。可惜沒有，我接受，也認了。我不怪她，因為她沒有學過「隱喻」，她連小學都沒畢業，而且更重要的是，她父母也從沒有這樣對待過她，「一個人不可能給別人他身上沒有的東西」，不是嗎？

不只是我的母親，其實一般傳統父母教育孩子的方式，幾乎都是大同小異，我們都是在用「我們的媽媽的方式在當媽媽」，不是嗎？請想想，一般父母管教小孩的方式，是不是都是威脅，不然就是利誘？「如果你不幫忙洗碗，就不讓你看電視」，或「如果你幫我洗廁所，媽媽就帶你去吃麥當勞」。這種威脅利誘的行為學派矯正法，我們都很熟悉，但也都知道效果有限。下一次，當你沒有獎勵時，孩子就不會主動做家事了，不是嗎？

最好的教育，是一種自發性的教育，如此我們才可以培養出能獨立思考、自我負責的孩子。打罵、威脅、恐嚇、利誘，是一種制約教育，這會讓孩子心生恐懼，也會扭曲孩子的心智，如此孩子一輩子不會成熟長大。「如果你不想你的孩子長大以後來找我諮商，最好現在就開始改變教育方式。」上課時，有時我會開玩笑地跟在場的父母這麼說。說是玩笑，其實也不盡然，我的很多個案，確實心理的傷大都是來自父母小時候的教養方式。

仙女的隱形斗蓬

運用隱喻做親子教育例子多不勝數。我很喜歡一部電影叫「衝擊效應」（Flush），裡面有一段父女對話跟隱喻有關，十分溫馨感人。

一天晚上，父親回家，進入女兒房間巡視。咦，女兒怎麼不在床上？他掀開床單，發現五歲的女兒躲在床底下。這個爸爸要如何去**「回應」**這件事呢？很精采的，請看：

爸爸：「衣櫥裡有怪物嗎？」（父親先同理女兒的恐懼）

女兒：「世界上才沒怪物呢！我聽到『砰』一聲。」（女兒聽見槍聲）

此刻，爸爸把床上的枕頭拿到地面上，趴在地上開始準備聆聽女兒說故事。

（這個動作很重要，它代表著「我想聽你說」）

爸爸：「奇怪，我們已經搬離治安不好的地方了，怎麼會有槍聲呢？」（原來他們以前住的地方，治安不好，女兒小時候曾被槍響驚嚇到）

爸爸繼續同理：「妳是擔心子彈會穿過窗戶，射進來嗎？」

女兒問：「子彈會飛多遠？」

爸爸回：「很遠喔，除非它打到東西才會停下來。」（你看，爸爸的回應是**「貼」**著女兒的擔心害怕，他既不否認、不安慰、也不轉移）

「那怎麼辦呢？難道我們還要再搬家嗎？」父親跟女兒確認她的需要與期待。

女兒：「不，我喜歡這裡。」

「我也喜歡啊，那怎麼辦呢？」就在這時候，父親靈機一動，給出一個隱喻故事。

「啊，我差點忘了。」父親大叫。

「什麼事？」女兒好奇地問。

「算了，妳一定不會相信的。別問了，睡妳的覺吧。」爸爸故弄玄虛。

「不，你說嘛。」沒有一個孩子，可以抗拒得了故事。

於是爸爸開始說：「在我五歲的時候，有一天，有一個帶著翅膀的小仙女飛到我的床邊……」

「最好是喔。」女兒半信半疑。

「妳看吧，妳不相信，睡妳的覺吧。」爸爸故意吊胃口。

「不，你說嘛。」女兒更想聽了。

「當時仙女送我一件隱形斗蓬，她說這件斗蓬可以保護我、幫我擋子彈，她還跟我說，以後當我的女兒五歲時，要把斗蓬轉送給她。啊，我怎麼忘記了。」父親一副懊惱的表情，唱作俱佳，孩子越聽越感興趣。

「妳要嗎？」父親問女兒。女兒點點頭，笑了。於是父親順勢把女兒從床底下抱出來，坐在床上。然後，父親開始「表演」，他細心地脫下身上那件隱形斗蓬，然後再小心翼翼地幫女兒穿上。

穿上了隱形斗蓬，小女孩終於可以安心躺在床上睡覺了。最後，父親在女兒額頭上親吻，給女兒道晚安。此刻，躺在床上的女兒，臉上浮現著安詳與幸福。每次看到這一幕，我都感到羨慕又讚嘆，這個父親實在太厲害了。這就是教育，也是最美的治療。

工作坊裡，我常問學員說：「要是一般的父親會怎樣回應這種情況呢？」（請注意：**「回應」就是「教育」**，你的回應方式，決定了事情的結果以及你跟孩子的親子關係。**學親子教育，其實就是在學習「如何回應孩子」**）

想都不用想，大家直接回答：「當然是用說教，不然就是威脅恐嚇。」（「相信爸爸、沒有子彈的，你趕快給我出來。」不然就是「我數到三，再不出來，就打你喔！」）**一個人的情緒是無法用理性的道理來說服的**，更無法透過威脅恐嚇，讓焦慮情緒消失。「語言抵達之處，不等於生命抵達之處」，切記。

我常在想，如果所有的父母都可以學會用故事隱喻的方式，來教育自己的孩子，那麼父母與孩子之間的拉扯衝突，必定會少很多。尤其隱喻故事還會有個好處，這樣的教育會幫助孩子情緒穩定，等他們長大以後，日子也會過得安穩自在一

些。（心理學研究：成人的情緒問題，與小時候如何被父母教養與對待的方式有絕對的相關）

從上面兩個故事，讓我們體驗到運用隱喻來「回應」孩子的情緒是件多麼美好的教育方式，它同時也創造了親子間善意的接觸與愛的連結。故事是有滲透力的，你給出的隱喻及愛，它會留在孩子心中一輩子，成為他日後遭逢困頓時活下去的動力。隱喻故事，不但拉近了我們跟孩子的距離，更讓孩子深刻感受到你對他的愛。有愛的孩子，一輩子幸福，不是嗎？

4 隱喻，一種溫柔的力量

隱喻就是如此安慰人心的妙方。
它不說教、不講道理、不勸誡、
更不是那種「你不要想太多」的膚淺安慰話語。

隱喻不只是親子教育良方，運用在日常人際關係中，更是最佳的安慰劑。隱喻帶出一種溫柔的力量，它撫慰人心於無形。不信，我再說故事給你聽。

我一直都很喜歡看電影，好電影裡最擅長運用隱喻，叫人印象深刻。十幾年前美國迪士尼有一部動畫片「花木蘭」，這個屬於我們東方代父從軍的故事，大家一定耳熟能詳，但迪士尼重新改編花木蘭的故事，叫故事變得更加清新、有趣。片中的花木蘭，長得不怎樣，既不是黃花大閨女、也不端莊嫻熟。她好動、愛玩，卻充滿創意、有主見。像這樣的女生在傳統古代社會裡，並不討好、甚至不受歡迎。

到了論及婚嫁年紀的花木蘭，父母想把她嫁出去。她經常相親，卻也經常失敗。男人都嫌棄她。嫁不出去的花木蘭很讓母親擔憂，她自己也感到十分挫敗。

有一天，花木蘭相親又失敗。她坐在自家的後花園裡，為自己不能嫁入豪門、光宗耀祖感到十分懊惱。此時，父親出現了，把木蘭的挫敗看在眼裡，心疼。於是父親跟著坐下來，然後，指著花園裡的桃花，對著木蘭說：「妳看，今年的桃花開得真美。」木蘭眼睛隨著父親的手指，望著遠方枝頭上繽紛燦爛的桃花。不解。

父親繼續說：「看見了嗎？其中有一枝含苞待放的桃花，它還沒開呢。但妳不用擔心，知道嗎？當等到所有的桃花都謝了以後，這枝桃花會是花園裡，最美麗的、最燦爛的一朵桃花。」

愛女兒至深的父親，給出桃花的隱喻，藉此來安慰受挫的女兒。那個畫面相當溫馨，至今仍深深烙印在我的心中。

父親的愛與溫柔，透過這個隱喻，如實呈現，也如此美麗動人又有力量。

蚌殼裡的一粒沙

另外一部早期的女性電影「油炸綠番茄」(Fried Green Tomatoes)，我也十分喜愛。這部片子描寫一位老婦人如何運用自己的故事，幫助另一個肥胖、沒有自信的婦女重建自信心。電影裡，老婦人的故事很精采，她年輕時也是一個另類奇女子，跟一般的女生很不一樣，如同花木蘭，婦人小時候也很好動、愛玩、愛爬樹，不愛穿裙子，像個小男生。她很孤僻，經常一個人玩。

片中有一段，講她小時候全家出動要去參加表姊婚禮的故事。但她不想要參加婚禮，只因為她不想穿裙子，不想盛裝打扮。她母親很生氣，指責她是怪胎：「別的女孩子都巴不得能穿上有蕾絲邊的漂亮禮服，為什麼只有妳討厭？」被母親責備後，女孩憤怒、感到挫敗，奪門而出，逃到她經常隱藏的大樹上。

唯一了解她、跟她最要好的表哥，當然知道她的「祕密基地」。他尾隨於後，也跟著爬到大樹上。

望著沮喪的女孩，表哥很心疼，於是說了一個隱喻故事：「妳知道嗎？海底裡有成千上萬的蛤蚌。有一天，上帝想要讓其中一個蛤蚌**與眾不同**，於是祂就在那顆蛤蚌裡面，丟進一粒沙子，讓它感到很折磨、痛苦。不久後，蛤蚌裡面就長出了一顆美麗的珍珠。」

說完故事後，表哥搔搔女孩的頭髮，笑著說：「來吧，我們來比賽，看誰先跑回家，輸的人是小狗。」

然後，女孩笑了，大聲說：「我才不會輸給你呢！」於是兩人爭相搶著爬下大樹，開心地衝回家去。

你看，隱喻就是如此安慰人心的妙方。它不說教、不講道理、不勸誡、更不是那種「你不要想太多」的膚淺安慰話語。

上帝那顆沙子，果然沒有白放

這兩個隱喻故事裡，都出現一個「重要他人」。不管是花木蘭的父親或是女孩的表哥，他們都是心裡充滿愛且有能力去「回應」他人的人。善用隱喻，就是一種充滿愛與智慧的回應，如此便可療癒他人的創傷與挫敗。隱喻療癒其實也是一種「關係療癒」，在給出隱喻的同時，其實我們也得到愛的關係。

有次在私塾，我借用了蛤蚌的隱喻，去回應私塾夥伴J。

J從小就是一個「被忽略的孩子」，她跟父母關係疏離，甚至曾被父母家暴過，J被打的遍體鱗傷，心裡的傷一輩子難消。J的成長歷程很辛苦，於是長大後，她立志成為一個助人工作者，後來考上心輔所，論文就是寫自我敘說，透過書寫自己的故事，J想療癒自己的傷。

但要面對自己過往的不堪與傷痛，是件很痛苦的事。J的論文邊寫邊哭，眼淚是最好的治療，她勇敢地面對過去的傷痕記憶。她說：**「如果不說故事，我將永遠無法認回自己內在那個受傷的小女孩，現在透過說故事，我要幫她療傷。」**是的，J說得沒錯。

有天在私塾裡，她說到自己小時候被虐待的故事，大家聽的心驚又心疼。同理之後，我在最後給出上面蛤蚌的隱喻故事，去回應她生命的苦難。我說：**「那顆沙子是上帝放進去的，目的是為了使妳成為『與眾不同』的人。」**（剛好她有信仰，她信上帝）

我不知道這個隱喻是否幫助到她？但我知道，J最後終於有力氣把論文寫完，如期畢業。常常，我們的受苦經驗，反而會成為我們助人的最大資源，這是我做諮商多年的經驗。畢業後，她開始致力於帶領「家暴團體」及家庭輔導工作，J做得很開心也很出色。你看，她果然「與眾不同」了。真好，上帝那顆沙子，果真沒有白放。

5 真實的力量

當哈克如此真實給出他的焦慮時，我十分感動。對這個人，我有了更多的尊敬。

最近我認識了一位新朋友，他叫哈克。他是做隱喻工作的，也是一個十分獨特的助人者。

他跟我一樣，都是台灣中生代的資深心理治療師，我們都很做自己、走自己的路，自我風格強烈。我做敘事、靈性，他走隱喻、夢工作。我們都很愛說故事，對生命有強烈的熱情，誠如他所說，我們都是用生命在帶工作坊的，沒錯。

哈克是個難懂的人，連他自己都這麼說。

他有很多面相，在諮商界算是個異數。不認識他以前，早已久聞其名，大家對他的評價兩極，喜歡他的人，很喜歡；不喜歡的人，似乎有點意見。人本來就是多元的，以敘事的觀點，這一點都不奇怪。再說，做人本來也不需要讓每個人喜歡滿意，你也不需要去討好每個人，不是嗎？

在好友錦敦的介紹下，我們認識了。

哈克告訴我，他在二〇一二年許了一個大願，他想結合幾位台灣在地有理想、有熱情的心理師，一起舉辦一個有意義的活動（應該叫「行動」更恰當）。這個行動被命名為**「心動台灣一二〇」**，意思是：他想用十年的時間，每個月辦一次免費的工作坊，服務對象是台灣在地的年輕助人工作者，目的是要做某種諮商經驗與價值的傳承。這是個創舉，也是很有意義的行動。

有一天，我用了一個下午的時間，特別去訪問哈克，問他為什麼要許這個大願，我想知道背後的真正動機。**每一個行動的背後，都有一個好理由（都是有故事的），這是敘事的相信。**果然，他給出很多他年輕時的感人故事。他的故事，感動了我，也說服我。

幾次跟哈克的碰面與對話，我漸漸地理解了這個人，也漸漸喜歡這個人。

之前聽到一些對哈克的負向評語，逃不出這個人愛錢、驕傲、臭屁。或許，這些都是真的，哈克自己也不否認。就在上週，心動台灣成員第一次聚會時，談笑間，他還追問我說別人怎麼講他的，我本來不想講，但他卻一直追問（他很敢）。我只好回：「很臭屁。」他立刻回：「對呀，我很臭屁，臭屁有什麼不好嗎？」

哈，當一個人如此「自我悅納」時，你也拿他沒輒。

這是自信？自戀？還是自我感覺良好？看倌自己決定。**「沒有唯一的真理」，一切問題都取決於人自己的詮釋。**我喜歡後現代這個尊重多元、差異的人性觀點。

至少，哈克很接納自己，不做作，不是嗎？

據友人說他自己也承認：「對呀，我愛錢，我是生意人，我就是愛賺錢，怎樣。」說得理直氣壯，毫不扭捏。

聚會時，當他說到自己的祖父也是生意人時，臉上泛著光彩與得意。他樂於這份傳承。而這個愛錢的人，如今卻跳出來，想為台灣的心理教育做點事，願意花大錢舉辦免費工作坊，他的頭腦是不是壞掉了？哈，你看，人果然是多元的。

我說過，哈克是難懂的人（其實你我不都是一樣，你懂了自己嗎？），但如果你只看見那個愛錢的哈克，卻沒看見大方、熱情的哈克，那真的很可惜，「偏見」會窄化一個人的生命。

我跟朋友說，我最喜歡哈克的一點是：至少，他很「真實」。

一月份我們第一次碰面，因為他邀約我加入「心動台灣」，而我想知道他的理念與動機，於是我們相約在澄清湖碰面，我想要訪問他。

一見面，他就告訴我跟錦敦說，他很緊張焦慮。他說早上在家裡，還跟太太發了一點脾氣，後來才覺察到：發脾氣的背後其實是焦慮，因為下午要來跟我碰面。他跟我不熟，他說這讓他感到很焦慮。**哈克很誠實面對自己的焦慮，並勇敢地表達出來**，這是「真人」，很不容易。

當哈克如此真實給出他的焦慮時，叫我十分感動。對這個人，我有了更多的理解與尊敬。

對，或許他是一個愛錢、臭屁的人。但是，我接觸到的哈克，他也是一個真實、熱情、豪放、願意給、有反思的人。他很大器。

敘事的聆聽與訪問裡，幫助我們去認識與欣賞一個人的**「多元自我」**，人不會只有一種面向，每個人都是複雜多元的，如同一支美麗的「萬花筒」。不管是正向或負向的自己，那都是我，**每一個我，都需要被自己認回來**，如此，我們才「完整」。

在哈克身上，讓我看見了真實的力量，並欣賞到真實的美好。確實，他一點都不完美（如我），老實說，有時也不怎麼好親近。但至少，他很真實、很完整。成為一個人，我想這樣就夠了。

6 重新命名，把自己認回來

當我站上「敘事王子」這個位置時，
我突然感受到自己的生命，變得如此安穩、有力量。

最近，因為認識哈克這個新朋友，從他的真實裡，也讓我開始想到自己。我呢？我夠真實、夠悅納自己嗎？好像是。其實不然。雖然大部分的我，在「腦袋」裡是夠接納自己，但我知道，其實有一部分的我，仍不夠自我悅納。舉個例子來說。

就在今天早上的書寫裡，我突然想起十年前我有個「雅號」叫**敘事王子**。這個雅號怎麼來的呢？有故事的。

有一回我在高雄帶敘事工作坊，課中講到「命名」的意義與重要性。

命名是一種隱喻，同時也是一個人自我認同的象徵。

一個人怎麼稱呼自己，其實就是他怎麼「看待」自己的方式。

一個人怎麼命名自己，也決定這個人自尊與自我價值感的高低。

如同早期我們阿嬤生活的農業社會，重男輕女，很多女孩的出生是不被大人所期待的，所以她的名字就會被隨便亂取，不是叫「招弟」，就是叫「罔腰」、「罔市」（台語的意思是隨便養養就好）。

前幾年，一個住在板橋的阿嬤，七十五歲生日那年，她自己跑到戶政事務所，堅持要改名字。她說「林罔市」這名字是父親給的，她不喜歡，她想要有自己的名字，她要叫「林美麗」。哈，你看見了嗎？她對自己有一個新的自我認同：我是「美麗」、珍貴的，我不是隨便養養的。這個阿嬤重新想給自己「正名」，改名字是一種**「宣告」**，更是一種自我認同的具體行動。

記得當時在電視上看到這個新聞，我立刻紅了眼眶，感動不已。

雖然老阿嬤七十五歲了，但看起來卻只有六十多歲，她身體很健康，講話很有力，我猜想她一定是一個很愛自己的人。一個人是不是「看重」自己，你從她講話的樣子就看的出來。

當時課堂裡我說這個故事，是要提醒大家，不要亂給別人取外號（或接受別人給的綽號）：**「語言是有力量的，我們都是被說成的。」**請小心。

記得一位個案跟我說，他小時候只是胖了一點，就被取外號叫「笨豬」，結果長大以後，他繼續肥胖，到二十歲時體重已經超過一百公斤。從小到大，他功課一直不好，覺得自己一無是處，而且他真的相信：自己跟豬一樣笨。

我跟學員說，每個生命都是獨特的、有價值的，每一個人出生時其實都是「王子、公主」，只有當我們被當成乞丐對待時，我們才會真的變乞丐。

課中我又特別強調：**其實每個人都可以按照自己今生、來到這個世界的專長，幫自己重新命名**。例如，妳很擅長壓花，那妳可以叫「壓花公主」，如果你很會跑步，那你就是「馬拉松王子」。命名，是一種自我認同。

然後，我話一說完，底下一位學員馬上大聲喊：「老師，那你就是敘事王子囉！」當場，我大笑，認同自己：「對，我做敘事，我是敘事王子。那你呢？」

那堂課，每個人紛紛幫自己「重新命名」，有了新名字，大家開心得不得了。很奇怪，當新的名字一上身時，每個人都立刻充滿了自信與力量，彷彿，「這就是我」。我的「敘事王子」就是這麼來的。

然後接下來的幾年，這個雅號成了我部落格寫文章的標題：**「敘事王子說故事」**，這個專欄我寫了好幾年。

但五年前，我忽然不用了。為什麼呢？有故事的。

那時候我正在寫自己的博士論文，剛開始寫得很不順、很挫折。初階口試時，一位口委用調侃的語氣跟我說：「呦，你是敘事王子喔。」那時，我覺得她在「嘲諷」我（或許那位教授並無此意），從此以後，我就不用這個名號了。

或許，當時寫論文的挫折，讓我變得比較沒自信，你看，果真「語言是有力量的」，別人隨便一句話就把我打倒，哈。

如今，認識哈克，看見他的真實，我突然想把自己那個「敘事王子」找回來。

日本動畫「神隱少女」裡，白龍提醒少女千尋：**「千萬別忘記自己的名字啊，忘記自己的名字，妳就找不到回家的路。」**這句話，此刻轟然出現腦海。（宮崎駿的動畫電影，最擅長運用隱喻）

對呀，我就是「王子」，我很優雅、很尊貴，又怎樣。我本來就是做敘事的，這也是事實啊。

唯有我把自己當成是王子一般「禮敬」自己、看重自己時，我也才會用同樣的態度去禮敬他人的生命。因為我相信：人人皆是王子，公主。

「你不可能給別人你身上沒有的東西」，就像我的好友錦敦，他是一個很愛自己、善待自己的人，每次我去他家作客，他都會盡心款待我，叫我很感動。我十分明白，他能善待我，是因為他很善待自己。愛自己是一種能力，一個人愛自己有多少，也才能給別人多少，騙不了人的。

如今，當我認同自己是「敘事王子」時，其實也在認同自己生命的「尊貴與獨特」。而當我可以認同自己時，我也才能去認同他人。做敘事，我們聆聽故事，就是把對方當成一個王子、公主一般尊貴的生命來禮敬。敘事的聆聽裡，我們永遠去看別人「有什麼」，而不是去找問題，去看別人「沒有什麼」，這是敘事有別於傳統心理治療的一種人文又善意的「人性觀」。

如今，我再次確認：**對，我就是敘事王子。**我很尊貴，但不自負；我很優雅，但不高傲。我是一個有能力聆聽故事的敘事王子，這個王子，不是高高在上的專家，而是一個平易近人又真實的人。**給出這個隱喻的同時，也為我的身分做出了「定位」。**

世上沒有完美的王子，每個人都有脆弱、自卑、陰暗的一面，我願意接受我的不完美。我雖不完美，但我知道生命存在的本身（本質）都是有價值的，我們都如同王子、公主一般尊貴。

很神奇的是，當我站上「敘事王子」這個位置時，我突然感受到自己的生命變得如此安穩、有力量。只有安穩的生命，可以去陪伴別人生命的混亂，幫助別人的生命，變得安穩、清澈，不是嗎？

第六章

自由書寫的心靈療癒

自由書寫，不是一般的「寫作」，
不是那種需要正襟危坐、規規矩矩、嚇人的寫作。
自由書寫，其實是一種修行，
它像「禪修」一般，
幫助你靜心，
讓你回到自己的中心。

1 與自己合而為一的時刻

我認為好的心理治療所做的，不是不斷地從狂野心靈裡撕下一小碎片，塞進意識裡，企圖藉此控制它，而是幫你進入狂野心靈，讓你學習在其中，感到自在。

——《狂野寫作》

美國女作家娜妲莉．高柏（Natalie Goldberg）在著作《狂野寫作》書裡，說出前面這段話，這句話跟敘事的理念十分相近。說故事，不是把生命撕成碎片做逐一分析，而是把生命的每個碎片拼回來，叫生命更完整。同時，說故事也是一種進入自我心靈深處的管道，它讓我們與「所有的自己」同在，並讓我們對自己是誰，感到自在。

這幾年我做敘事，聆聽故事，也在幫助他人說故事，當中，我與我的當事人在彼此的心靈深處做深刻的交流，那是很靈性的片刻。但要說故事，其實不是一件容易的事，因為那不是我們的文化與習慣。要怎麼幫助我的學員或個案說故事呢？看了娜妲莉的書，讓我靈機一動，發展了「自由書寫」的方式，它可以輕易地幫助我們做到「說故事」這件事。

娜妲莉的書在台灣出了兩本：《心靈寫作》與《狂野寫作》，我經常推薦給要寫自我敘說論文的學生，我自己就是用這種方式寫論文、寫作的，但後來我更發現到自由書寫實在是幫助人「開口」說故事的好方法。因為說故事不是用左腦，它是右腦的運作，它需要的是直覺、想像、情感，不能想太多，想太多，你就寫不出來。自由書寫的操作方式，讓我們回到右腦去說故事，於是讓說故事這件事容易許多。

這幾年，自由書寫成了我做諮商及敘事教學的法寶，老實說，它對我本身的幫助更大。我很同意娜妲莉的說法：書寫，其實是一種修行。它就像「禪修」一般，幫助你靜心，讓你回到自己的中心。只是，她是作家，不是心理工作者，所以她不會把自由書寫當作是一種心理治療，但這幾年我的實踐經驗告訴我，它是，絕對是。

這幾年我親身實踐並大力推廣「自由書寫」，我用這種方式來幫助人們開口說故事，讓人終於可以進入內心的荒野深處。而且，我發現有時寫比說可以更快速地抵達一個人的內心，它的療效叫人刮目相看，令人驚訝。

我們的文化經常叫我們開不了口，沒辦法，記得「家醜不可外揚」的禁令嗎？我們的嘴巴從小是被「堵」住的，於是生命也「卡」住了。現在，說不出來，沒關係，用「寫」的，以「寫」代替「說」，自由書寫幫助你把內心底層的東西，輕易地給掏出來。

有人一定會懷疑：為什麼一定要說出來、寫出來，用想的就好了，不能嗎？

相信我，很多事情光想是沒有用的，你會越想越混亂，像毛線打結一般，理不出頭緒。內在思緒與混亂，你得說出來、寫出來，讓它曝光、被自己看見，它才會「見光死」，不然你會一直鑽牛角尖，心永遠不可能清安。

我做諮商，聆聽案主說故事，其實就是在做這件事。人們透過說故事，把自己內心底層的焦慮不安、混亂掙扎說出來以後，它才有機會被看見、被辨識，於是我們才明白：「我在擔心什麼？生氣什麼？我到底在乎什麼？」自由書寫，像是一片濾網，它可以過濾情緒的雜質，叫生命變得清澈。

自由書寫跟諮商一樣，都在幫我們梳理生命，叫生命得以「通暢」，這就是療癒。但自由書寫有個好處：它不像諮商，你不需要靠別人，也不需要花大錢，你可以自己來。自由書寫說得難聽一點，它就像自慰一樣，你可以自己動手，不需要靠別人，自己就可以「安慰」（療癒）到自己。

所有的修行與治療目的其實都一樣，就是幫助你「誠實面對自己」。剛好這也是自由書寫的真諦，所以我認為自由書寫本身就像是一種修行，但它不像打禪靜坐那樣，你需要挑地點、挑時間、看心情，不用。現在，你只需要一本筆記本、一枝筆，隨時隨地，想到就寫，它很便利，也很自由。

自由書寫不但簡易、不花錢，而且還幫助你與自己的心做連結，這件事絕對有益身心，這就是為什麼我這幾年要極力推廣自由書寫的原因。在任何片刻，只要你想寫，就可以寫，不必等到一個天時、地利、人和的時刻；而在那個書寫的當下，其實我們就已經創造了一個「跟自己合而為一」的美好時光，這是我所經驗到的自由書寫，它具有神奇的靜心效果。

每當我搭捷運、等紅綠燈或旅行的途中，只要心一煩、靈感一來，二話不說，我會立刻從包包裡掏出本子，把當下心裡面冒出的靈光片語，記下來。然後，每次寫完後，內心就出現一種明亮、一種安穩。我發現，自由書寫讓我可以「活在當下」，活在當下這件事一直是我多年渴望學習、卻做不到的事。自由書寫充分讓我感覺到自己的「在」（being），在那個書寫的片刻，我與我的靈魂相逢，那是一個充滿靈性療癒的片刻。

這些年的書寫實踐，讓我深深體會到一件事：**自由書寫，其實是一種忠於面對自己的生活態度。**時時刻刻，透過自由書寫如實去覺察自我身心狀態，聆聽自己內在的聲音，不迂迴、不扭曲、不自欺、不否認，然後寫下來，看見它、接納它、轉化它，這樣的真實面對自我，難道不是修行嗎？我很高興，自由書寫不只是一種自我療癒方式，現在，它更是我生活的一部分。

2 說，你想說的話

書寫是一道裂縫，通過它，你可以爬進一個較寬廣的世界，
進入你的荒野心靈。

——《狂野寫作》

在還沒學會自由書寫之前，我跟大家一樣，總是想得很多，腦袋轉不停，卻總是一無所獲。當年寫論文時，我經常坐在書桌前，望著天花板，發呆，卻久久擠不出來一個字來。怎麼會這樣？喔，原來，長久以來一直有一個聲音在恐嚇著我們：「寫作是一個多麼神聖、偉大的事啊。」（寫論文也一樣）

這聲音從哪裡來的呢？喔，你還記得從小我們是怎樣被教寫作文的嗎？

所謂的好文章，永遠是一堆成語、華麗詞藻的堆砌，我們寫的東西，永遠是別人期待看到的，而不是我自己心裡真正想望的東西。在我那個年代寫作文要拿高

分，最好結尾加上一些偉大的理想抱負，像是「先天下之憂而憂」之類的賢言聖語，至於內心的真實渴望，請你好好收藏，不要見光，老師沒興趣的。

記得小學五年級有一次作文課，老師要我們寫「我的志願」。當時我老老實實寫著我的志願是「想去世界各地旅行、到處流浪」，結果老師給的評語是：「人生要有偉大的志向，唸書不光是為了去旅行。」那篇作文，分數當然不高。從此以後，我再也不敢讓別人知道我內心真實的渴望了。旅行的願望，從此被我收進了心底的黑箱子，不見天日。

長大以後，我果然沒有膽量出走去旅行流浪。直到有一天，當我敢獨自一人踏出台灣到國外旅行時，卻已過了不惑之年，當時心裡真感到有點悲哀。

後來我又想到，自己會成為一個「自由」心理工作者，每年全台走透透到處去上課，無形中或許是在滿足小時候那個被壓抑、渴望去旅行流浪的願望吧。

直到寫完自己故事以後，我才更加明白，小時候那個想要雲遊四海去旅行的願望背後，其實我真正想要的，是**「自由」**。但小時候，我連說出自己願望的自由，都被壓抑了，可悲。

語言是一種思想的表現與延伸，當我們說話、書寫，其實就是在抒發與展現內心深處的渴望。渴望，是一個生命是否有熱情的指標，失去渴望，我們也失去了活著的動力與熱情。難怪很多個案都跟我說，他們最大的困擾是生活枯燥乏味、一點熱情都沒有，因為，他們老早就失去了對生命的渴望與夢想。

人為什麼會失去生活的熱情？有原因的，因為我們的教育一直都是「去自我」的教育，主流的體制教育只鼓勵我們回到現實的功成名就裡去努力，它不鼓勵你作夢、做自己。於是，我們只能想「框框之內」的事，框框之外的東西叫白日夢，你想都別想，做人要切合實際。我們的「上方」總有一雙手，緊緊地掐住我們的夢想渴望，久了，夢想窒息了，熱情也窒息了。失去夢想的人，每天只能安分地過著被安排好的生活，安穩卻很無奈，生命的熱情就是這樣消失的。

如果，你受夠了，不想再那樣過生活，你想找回生命原有的熱情，那麼，第一步，先把自己內在的聲音找回來吧。

現在，管它去死，反正已經沒人給你打分數了，請你放心大膽地寫，寫出你內心真正想說的話，寫出你內在真實的渴望。**「為了自由，我們得寫。」**我經常跟私塾學員這麼說。

但別以為這是件容易的事，對多數人而言，卻比登天還難。

每次進行自由書寫時，我總是要好說歹說、連哄帶騙地說：「你隨便寫嘛，反正你寫的東西，沒經過你同意，絕不會有第二個人看到的。」即使如此保證再三，但可以自由地把內心話掏出來的人，依舊是少數。沒辦法呀，禁錮的心要一下解放，談何容易。縱使如此，但請別放棄，別忘了，自由書寫就是一種修練。試試看，每天練習，不要想太多、就是寫，心，自然會有敞開的一天。

等到哪一天，我們可以打開心房，如實面對自己，可以說出自己內心真心話時，人就完整了、也自由了。到了這一天，你就可以跟我一樣，徜徉在自由書寫的天空裡自由翱翔，享受「我就是這樣」的生命樂趣。

補充說明

我們寫的自由書寫，可不可以給別人看呢？

常有學員問我這個問題，我給的答案通常是：「請三思。」

除非是課堂中的學員或親密的朋友，我個人比較不建議你輕易到處拿給他人看。原因是：因為不是每個人都有能力去「接住」你的東西，不是每個人都有傾聽同理能力的，不是嗎？如果內心話（故事），無法被接住，有可能會被「二度傷害」，那不如不說，適度保護自己是必要的。尤其當你寫的是跟某個當事人有關的話，那就更不宜了。例如：昨天妳跟丈夫吵了架，妳在自由書寫裡「洩憤」，裡面充滿了對丈夫憤怒的情緒，如果直接拿給先生看，不但不會解決問題，反而只會叫他更加「防衛」生氣而已。請記住，情緒只會引發情緒，無法解決問題，這不是自由書寫的目的。如果你真想要跟當事人分享，建議你給出的是自我情緒處理後的理性自我反思與自我對話，這樣或許會比較恰當些。因怕讀者誤用，在此特別做補充說明。

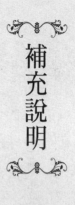

3 實話實說，就對了

寫的好壞不重要，寫出來的成果不重要，
重要的是，你有沒有坐下來開始做，有沒有允許自己寫到心底去。

——《心靈寫作》

第一次練習自由書寫時，經常會有人跟我說：「我不會寫，我不知道要寫什麼？」

好，我通常會回他：「只要你會說，你就會寫。」

「不，我真的不知道要寫什麼？」對方還是不放棄，想要說服我，他真的不會寫。

我就跟他說：「那你第一句話就給它寫：『我不知道要寫什麼……』從這裡開始吧，寫完這句話，再看看心裡冒出的第二句是什麼？再給它寫下去，就好了。」

自由書寫很簡單，其實就是**「實話實說」**。但這件事對自我壓抑已久的現代人而言，卻很難。

有一次，我去一個學校帶工作坊，我邀請輔導老師們做自由書寫，其中一位男老師一開始就很抗拒，說他不會寫。我就用上面的話邀請他寫寫看，第一句話就給它寫「我不會寫」，就從這裡開始。

聽我這麼說，他愣了一下，用狐疑的眼光看著我，彷彿在說：「啊，這樣也可以嗎？」我用堅定的眼神回答：「是的。」

我接著補充：「只要把心裡所想的話寫出來，就可以了。不要編輯、不用修改、不要逃避，你想到什麼，就寫什麼。」說這些話，是為了讓他安心寫。

男老師半信半疑，勉強拿起筆來，在紙上寫第一句話：「我不會寫。」但表情依舊困惑。「我真的可以把心裡想的話寫出來嗎？」我猜他的心裡是這麼想的。

十分鐘後，我喊停。

我邀請他們拿起自己寫的東西，各自找一個角落，開始大聲「朗讀」。

朗讀?對，就是大聲唸出來。我安慰他們：「放心，不會有人聽到的，因為大家同時一起唸，所以別人不會聽到你的。」在一臉惶恐中，大家照辦了。

此時，四面牆壁貼滿了人，每個人開始對著牆壁「喃喃自語」（多數人還是只敢小聲），這個朗讀「行動」很壯觀，但也別具意義。

朗讀後，回到團體，我再次邀請：「有沒有人敢唸出來跟大家分享呢？」此刻，大家的表情更驚恐了，心想：「你不是說，不用給別人知道嗎？」

「我是說，沒有經過你的允許，不會有人看到。但是，我們的心聲，如果有人可以聽到，我們就會被了解，就可以得到支持，這就是療癒，要不要試試看？」我把敘事社會建構的原理，解說一遍。

為了叫他們安心，我又補充：「你還是可以自己決定要不要唸，或要唸多少，不想唸的部分，不唸也沒關係，不勉強的。」人的自主性很重要，這種事強迫不得的，強迫就失去「自由」書寫的意義了。

「什麼是奇蹟呢?其實只要在每天的生活中，創造一點小小的不同，那你就已經在今天的日子裡，創造了一個奇蹟。」用這種方式，我想勉勵人們勇敢發聲，自我突破（通常有效）。

發聲這件事，確實需要一些勇氣，它需要「有點勉強」、又「不能太勉強」。很多事情，不都是如此嗎？

此時，令人意想不到，那位一開始說不會寫的男老師，竟然自告奮勇，第一個冒出來發聲。大家屏息聆聽，只見那位老兄倒抽一口氣，大聲唸出：

> 我不會寫。我不知道要寫什麼，我真的不知道要寫什麼。我的腦袋一片空白。幹！這種感覺好差。我害怕不會寫人家會怎麼看我。我到底在害怕什麼？為什麼我的生活都一直都處在害怕中？很多事我都害怕做不好，害怕交不到女友、害怕幫不上學生的忙、害怕買不起房子、我害怕自己的害怕。他媽的我怎麼這麼多害怕！
>
> 我真的不知道要寫什麼。老師又說，手不要停、繼續寫，我只好繼續寫。
>
> 幹，昨晚屋頂的野貓，叫得我整晚睡不好，好煩。
>
> 野貓叫春，也把我的寂寞給叫了出來。喔，我要睡覺，我不想有黑眼圈，我好累。
>
> 最後，其實我想說的是，最近我的生活很混亂、我不知道自己在幹什麼，我想要平靜、我想要休息、我要去度假，我希望學生不要來煩我……

男老師一口氣唸完，坐下，環顧四周一圈，大大地鬆了一口氣。

我問他唸完的感覺如何？他抓抓頭說：「感覺好白痴喔，但也很爽。」

我看著大家，發現大家聽完後，似乎很有「感覺」，立刻邀請大家回應。想不到，迴響熱烈。

「我覺得陳老師很勇敢，至少他敢唸出來，我還不敢呢。」

「我也覺得陳老師很有勇氣，敢承認自己生活忙碌、混亂。其實我也是，我很有共鳴……」

「最近晚上我也都睡不好，也好想去度假……」

「覺得聽見那聲『幹』，感覺很有力量，聽起來特別爽！」

「能把自己的害怕說出來，真的很不容易。我們老師其實也是人啊，我們的煩惱不會比學生少的……」

大家七嘴八舌，回應如潮，男老師的書寫，彷彿打開了潘朵拉的黑盒子，一不小心把每個人內心裡隱藏的東西都給「勾引」了出來。一旦內在的聲音被「吐」出來以後，每個人都鬆了一口氣，一下子，團體氣氛變得輕鬆許多。

趁勝追擊，我接著問有沒有人願意接棒？或許受到男老師的激勵，大家接著踴躍分享自己的書寫，然後在一篇篇書寫的朗讀聲中，我們的生命當下是如此靠近，相知相惜，在那個片刻彷彿演奏著美妙的生命交響曲，真是令人陶醉啊。

4 寫到骨子裡

不要設法控制你的筆寫什麼，
別干預，讓你的手不要停地寫下去……
——《心靈寫作》

言不由衷，實在是一件浪費生命的事。

小時候寫日記，為了交差，我經常寫一些連自己都不相信的事，譬如說：「我每天都要認真地唸書、我是一個用功的好學生……」喔，夠了。如果人活著只能說些別人想要聽的違心之論，做人實在辛苦。自由書寫，它是一種**「心靈革命」**，它要你做自己，展現你內心的真實。**「我說、我是、故我在」**，這就是自由書寫的真諦。

每次來到私塾，學員們都是透過自由書寫來「練功」的。畢竟，說出內心話這件事並不容易，要練習的。

「如果要寫，就寫到骨子裡。」我經常這麼說。

自由書寫的練習，不只是把腦袋裡的想法給掏出來，最好連內心深處的渴望，一併抽出，如此，可以激發出你心靈底層的豐沛能量，如娜妲莉在《狂野寫作》中所言：「生命是無秩序可言的。心靈是原始而充滿能量、生氣勃勃且飢渴的，它並不會依照我們從小養成的那種和諧有禮的思維模式來思考。」人的內在心理潛意識所埋藏的東西，往往比我們想像的還要豐富許多。傳統的精神分析，運用自由聯想等方法幫助人探索潛意識，你在電影裡看見有人躺在診療間的躺椅上，病人身後坐著身穿白袍的醫師，這就是在做精神分析。如果你的財力夠雄厚、口袋夠深，想去做精神分析我絕對不反對（做精神分析需要長期，每週一到兩次，而且要維持五到十年，據說在歐洲有人做精神分析做到需要賣房子），但如果你沒錢，又想探索自己的心靈，怎麼辦？現在，不用花大錢、找專家，你自己就可以辦到，你只要拿起筆來，寫就對了。

自由書寫幫助我們進入心靈的荒野，叫我們照見生命的豐富與多元的樣貌。自由書寫不只是發洩而已，它會激發出我們內在潛意識的東西，讓我們看見並理解，不管是過往的創傷、壓抑的情緒、無法宣洩的憤怒，這些，在自由書寫裡，都可以被「曝光」，被你看見、理解、接納，這就是自由書寫的療癒。

生命之所以受苦是因為我們經常卡在過去某個「情緒」裡，動彈不得。**「情緒過不去，你的理性與智慧就出不來。」**這是我的經驗。所有的心理治療，幾乎都在處理人的情緒問題，情緒是一種能量的展現。唯有情緒被理解、被疏通，能量才能暢通，人才會得到療癒。自由書寫就是一個處理情緒、抒解壓力的良方。

如果你不想被自己的情緒給綁架，那就大膽地把它寫出來吧。**看見它、面對它、處理它、最後才能「放下它」**，聖嚴法師如是說，剛好這也是自由書寫的功能與妙用。

不管是什麼情緒都不要壓抑，自由書寫就是要你說到骨子裡。書寫時，不必咬文嚼字，直接把感受寫出來，越白越好，讓情緒透明化、被自己看見。每次在工作坊或諮商帶自由書寫時，我都這麼說，然後，真的有人很敢寫，他們的書寫經常叫我驚豔不已，舉個例子。

有一次，一位思念男友的熟女，把她的瘋狂思念化成了如此語絲：「你還是每天早上跑步嗎？想念你那結實毛絨的小腿、懷念你身體的汗味，撫摸你的棉布上衣，叫我興奮又安心。……好想依偎在你厚實的胸膛上，聆聽你的心跳。……思念像一隻螞蟻，啃噬我的心，叫我坐立難安。喔，好想你……」

夠辛辣吧。這段語絲，不只給出磨人的相思，就連內在的情慾也一併給揪出來。當這位熟女書寫時，雖滿臉通紅，但那份相思的甜蜜與煎熬，卻活生生在她的眉宇間跳躍著，展露出一種迷人的生命力。自由書寫就是如此，它是如此真實、迷人、具有生命力。

當然，不是每個人都可以一下子如此大膽地說到「骨子裡」，沒關係，這件事本來就要練習的。練習這件事時，請慢慢來，用你自己的速度，不用跟別人比較，寫不出來，也請不要批評自己，這不是你的錯，也不是你比較笨，這跟我們的文化與習性有關，如此而已。你唯一要做的是：繼續寫，不要停，只要你不放棄，你會越寫越勇敢的。勇氣，是練出來的。

通常，我會用一種方式來幫助大家可以盡快寫到骨子裡。每當書寫到最後時，我都會說：**「接下來，請從『其實我想說的是』開始，書寫最後一段。」**我的經驗是，縱使你前面的書寫，總是在頭腦裡繞啊繞的，淨說些無關痛癢、安全的表面話，沒關係，一旦進入**「其實我想說的是」**時，很奇怪，彷彿「溜滑梯」一樣，人一下子就滑進內心深處的渴望，真實的感受就會被你帶出，屢試不爽。

猶如娜妲莉在《狂野寫作》裡曾寫著：「其實我想說的是，我不快樂，我很寂寞。寂寞是一隻跟了我多年的狗兒，寂寞這條黑狗，讓我不得安寧。」就算前面你淨說些五四三的場面話也都沒關係，能夠在最後一段，給出如此深刻的覺知與自我看見，那就夠了。

5 隱喻與自由書寫

隱喻的表達，引領我們進入靈魂的深處，讓幽微的心靈被深深看見。

自由書寫，除了幫助我們表現真實的自我以外，它也如同寫作一般，呈現了文字的美感。所謂「真、善、美」，自由書寫的美感，來自於它的真實，它活生生地展現了生命此時此刻的真實。真實就是力量，真實就是美麗。自由書寫的美感，一部分來自於「隱喻」的使用，隱喻的文字會帶出深刻的自我照見。

我帶自由書寫時經常提醒學員要善用「隱喻」，透過隱喻的描述，除了讓我們對自己生命有更深入與生動的看見以外，隱喻的表達，更經常引領我們進入靈魂的深處，讓幽微的心靈被照見。

舉個例子。《刺蝟的優雅》這本法國暢銷小說裡，那個人見人不愛的女主角荷妮，是一位在巴黎高級公寓裡裝笨、扮醜、耍粗俗的門房，但其實真正的她是一個有洞見、有內涵、知識豐富的中年婦女。她不想「曝光」自己，因為她知道，只有當她老老實實扮演「門房」該有的角色時，如此才可以安靜地擁有自己的世界，不被外在庸俗的人們給打擾。書裡，她自稱自己如**「廟堂青苔上的茶花」**，這是一種很美的隱喻。

當她說，「我是廟堂青苔上的茶花」時，你立刻明白她想傳達的是「我要安靜做自己、與世無爭」的意境。這個意境，如此美麗深邃，很吸引我。如果你去看書，你會發現，那朵青苔上的茶花，果真是安靜、不起眼，卻又清新、優雅、脫俗。

有一次，一位粗魯的房客急匆匆一直按她的門鈴，又說了些惱人的話，她一氣之下，「砰」一聲，用力關上門。緊接著，書上就出現這句話：「我心中自忖，其實我並不是那麼的青苔上的茶花。」你看，她用這句話，取代了：「其實我也很粗魯！」這就是隱喻之美。隱喻提供了一種想像、一種意境，讓人心領神會。

工作坊裡，我常教導學員如何使用隱喻來自由書寫。每次我邀請學員做自由書寫時，都會先放音樂、帶冥想，然後說：「最近你的生活過得如何呢？如果要用一個隱喻來形容自己，你的腦海裡會出現什麼畫面呢？」

每次做隱喻的自由書寫時，往往可以在很短的時間內，幫助每個人對自身當下狀況，做深刻的覺察與反思。

有一次，一位學員寫了下面的隱喻，立刻贏得大家的共鳴。

「最近的我，像一支來不及充飽電的手機，每天都用剩下一格的電量過生活。我每天都來不及充飽電，就被帶出門使用。每天不足電量地反覆被使用，讓我好累，我好想充飽電，我好想好好睡一覺……」

一人故事，眾人故事。這個隱喻，帶出了現代人普遍的生活疲憊與睡眠不足現象，很得到大家的共鳴。你看，隱喻一出現，就讓生活在混亂與疲憊中的自己，當下「現身」，被自己看見，在一片共鳴中，我們彼此得到支持與撫慰。

隱喻的自由書寫是一個非常能安定人心的方法。每次工作坊，經常有人一早來上課，心情忐忑不安、混亂，但只要他們願意安靜下來，冥想、書寫，那顆飄盪的心立刻就安穩下來。

有一次在某大學，我對一群輔導老師上課。一開始我也是邀請大家做隱喻書寫，寫完後，坐在我左前方的一位女老師，突然開口：「我不知道該如何寫？我冥想的時候，什麼畫面也沒有，最後只出現一片像雲的東西，但那也不是我想要的雲，我要的是藍天白雲，不是灰色的雲，形狀要是橢圓的，不要那種散開亂成一坨的。我現在的生活也是這樣，反正別人給的，都不是我要的……」

女老師越說越沮喪，最後還是不忘求救：「這樣我該怎麼寫？」

我笑笑地回：「妳只要會說，妳就會寫。就按照妳剛剛說的寫下來啊。」女老師不解，我只好示範。片刻後，我開口了：

「最近的我，像一片雲，高掛在天空裡的一片雲。但它不是我想要的雲，我要的雲，是在藍天裡、自由自在飄盪的白雲。我不要那種灰濛濛的雲。我想要的雲，是有各式各樣美麗形狀的雲，我不要散開來一坨的烏雲。啊，為什麼我永遠都要不到我想要的，我好失望，好沮喪，我問自己：這樣的日子，到底還要過多久，我討厭、討厭、討厭……」

後面連三個「討厭」，我故意拉長、加重語氣，效果十足。

當場，大家聽得睜眼咋舌，驚呼連連，笑成一片。

那位女老師當場愣住，她的表情似乎在說：「你怎麼說進了我的心坎裡了。」

另一位老師不禁讚嘆：「這個隱喻太棒了，實在有夠傳神耶！」

女老師有點不好意思，掩面微笑，或許不習慣被人一下子說到心坎裡，表情有點尷尬，卻也很開心能夠被如此了解。

經過這次示範，大家終於深深體會，隱喻與自由書寫兩者結合的巧妙與美感。

您也想體驗看看嗎？來，坐下來，寫吧：「最近的我像……」

6 朗讀，是一種宣告

據我所知，最有力量的一件事，就是用你的唇與舌形成一個字眼，然後大膽地將之說出來，好讓你一輩子也沒法收回去。

——《狂野寫作》

每次自由書寫完畢後，第二個步驟就是「朗讀」。光寫是不夠的，接著，還要大聲唸出來。

如果你是一個人，建議你：站起來，對著牆壁或眼前的餐桌，大聲唸吧，把它們當作是你的聽眾，大聲朗讀。我發神經嗎？不是的，當你唸出來，你就會聽見自己的聲音，你會成為自己的聽眾。人是社群的動物，我們需要聽眾，**「如果沒有了觀眾，什麼也都不會發生！」**——《失落的幸福經典》書裡這句話，我很認同。

在工作坊裡，我通常會先邀請大家各自對著牆壁朗讀，然後再兩人一組，相互分享、再次朗讀給對方聽，等回到大團體時，我會再邀約，問看看有沒有人敢再唸出來給大家聽，這當然需要極大的勇氣。這三層次的朗讀發聲，聽眾由自己、一人到眾人，是有意義的。透過不斷朗讀，我們不斷地在做宣告**「這就是我」**，我是值得被聽見的。這個發聲歷程，本身就是一種療癒。

不唸可不可以？為什麼一定要唸出來？大家都很害羞，不敢唸，我知道。或許「知其所以然」，更能帶出朗讀的勇氣，我只好講解。

關於「發聲的知識」，我通常是這樣說的：

> 書寫後的相互朗讀，在創造一種說者與聽者之間兩造的人際關係的連結。人是社群的動物，我們需要人際、需要關係，**在關係中的互動，會幫我們確認自己的存在**。在朗讀中，聽者扮演了一個「見證」角色，當你的聲音能被見證、被確認、被回應之後，你的「在」也在當下被確認了。
>
> 也就是說，當你說（發聲），然後透過別人，這個「他者」的回應，當下你就立即應證了自己的存在。對話能夠產生一種「你—我」的對應關係，同時也產生

一種人與人的連結，人需要關係，更需要親密的連結，在彼此的連結中我們能得到「認同」。

再舉個例子。當你告訴我：「你看，這朵玫瑰花真漂亮！」時，我立刻轉頭、看見這朵玫瑰花，發現這朵鮮紅的玫瑰，並回應：「它真的很漂亮。」當下，這朵玫瑰、你、我，因為你給出的語言、還有我回應的當下，我們都「存在」了。語言創造真實，也創造了一種存在的關係，就是這個意思。

或許，玫瑰花可能不在乎你要不要在乎它的存在；可是，人不一樣，人是社群的動物，人需要透過與「他者」的互動，去驗證自己的「在」。我們需要「觀眾」、需要互動，在對應的關係中，讓人不再感到孤單。發聲、對話讓我們跟人產生連結與存在感，這是社會學裡重要的人際理論。

解釋完後，我最後補充：**「一旦大聲說出來後，語言就變得更加真實，而且你同時也會產生付諸行動的動力。」**語言的力量，就是如此。

同時，「我說，我是，故我在」，朗讀也是一種宣告儀式，它宣告著「我活著、我存在」。透過這個儀式，人們不但彰顯了自我**「主體性」**，無形中也提升了自我價值。

朗讀，它更加是一種「確認」，**「在還沒給出語言之前，我們什麼都不是」**（這是敘事的理論），還記得前面那朵玫瑰花的譬喻嗎?玫瑰花的「在」，是透過我們給出語言時，才「現身」被我們看見的，不是嗎？

朗讀、發聲，也具有塵埃落定的「定錨」效果，一旦說出，它幫助我們從一片混亂中找回清晰的自我。當你朗讀，所有盤旋在腦海裡的混沌不清與曖昧不明，都會像混濁的溪水一般，被你沉澱、變得清澈。

文字書寫是一種「靜態」的展現，而朗讀發聲是一種「動態」傳輸，兩者結合，生命頓時就鮮活起來，當你站起來大聲唸出自由書寫時，身體的動能就會啟動，記憶與情緒就會被帶出，生命在當下就展現出驚人的轉化與洞察力。

每一回的朗讀，我們彷彿都把內在某個真實的自我給「抽」出來，我經常聽見學員在朗讀後，說出這樣的話：「好奇怪喔，在寫的時候，還不會感覺到那麼強的情緒，可是，一唸出來，喉嚨就哽咽、眼淚就不聽使喚了。」沒錯，透過聲音的傳導，生命底層的渴望、悲傷、挫折會像瓶子裡的水一樣，嘩啦嘩啦地倒了出來，這就是朗讀所帶出的情緒動能。

透過朗讀，把生命內在的真實給抽出來，真實，本身就是一種力量，那種力道，使生命得以統整，帶來無法形容的療癒。當我看見人們一邊朗讀、一邊淚流滿面時，我的身體與心經常悸動不已，那個畫面充滿能量、十分動人。每次朗讀完畢，你就會看見人的臉上總出現一種柔和與放鬆的美感，生命，在那一刻變得如此安穩祥和。老實說，如果生命可以更得安穩一點，人也會感到幸福，這難道不是你我夢寐以求的事嗎？

7 跟自己的親密時刻

我寫作，因為我孤伶伶一個人，
而且孤伶伶地遊走在這世上……
——《狂野寫作》

自由書寫，是一種自己跟自己的親密對話。有一個你，在說話給另一個自己聽，此刻，我聆聽我自己，並與內在的自我深情相擁。在那個片刻裡，生命會有一種安穩，讓我們不再感到孤單。

私塾學員小瑩告訴我，最近她漸漸養成自由書寫的習慣，在每天的早晨或任何心煩意亂的時候，自由書寫變成她自我陪伴的良方，讓她的心情安穩不少。小瑩說：「過去的我，是一個需要一直找人說的人，當我感到孤單、心煩意亂的時候，如果抓不到人講，我就會陷入更大的孤單與憂鬱。」

但現在的小瑩透過自由書寫來陪伴自己，她不再像從前那樣經常需要去「抓一個人」講了。「現在就算一個人，我也不會感到孤單寂寞了。」小瑩說。

確實，求人不如求已，現在，隨時隨地，拿起筆來，自由書寫。寫完、自己唸給自己聽，你就是自己最忠實可靠的伴侶。

「所有外在的發生，都在自己的內在」，這個靈性觀點，提醒我們「境由心生」，是我們的心創造了所有的實相，因此，人不必急於改變外在的人事物，我們唯一要改變的，就是自己，不是嗎？如果人要改變自己，便要先覺知自己的心，聆聽內心聲音，這是修行的不二法門，畢竟自覺是自療的開始，而自由書寫剛好就是幫助我們往內心探究的良方。

我很喜歡用「挖井」的譬喻形容自由書寫。自由書寫就像是掘井的過程，你越往下寫，就越深入心靈底層，深入到你看不見或不願意去看的地方，把內心的幽微與陰暗面給曝光，讓自己看見。看見它，你就可以療癒它。

當我們可以走進心靈的深井，貼近自己的生命，對自己的生命有更深的理解時，在那個與自己的親密時刻，很神奇地，會讓我們對自己產生更多的慈悲。當我們可以對自己慈悲、接納自我時，生命就不再剛強，就自然變得柔軟，而當我們不再執著於事情「非怎樣不可」時，人就不再受苦了。

當然，有時自由書寫也會讓你不小心掉入心靈的迷霧中，跑不出來，當你越寫心越亂時，怎麼辦？請不用慌，就算迷路了，也要繼續寫，生命自有它的出口，最終你會走出來的。

Walking in mist。朋友小玉曾告訴我這麼一個美好故事。

有一次，她在愛爾蘭的森林裡自助旅行，突然間起了大霧，她一個人走在森林裡迷路了。就在她很害怕、焦慮時，路上突然出現一位騎單車的帥氣男生，她很開心立刻攔住他問路，那位帥哥優雅地對小玉說：「不用擔心，也不用急著找出路，妳不會走丟的，慢慢散步、好好享受愛爾蘭的森林迷霧吧。」

這句：**「walking in mist（漫步迷霧中）！」**讓小玉當下的焦慮，安穩了下來，這句話也成了日後小玉忙碌於「生活迷霧中」時的最佳提醒。對，不要急、慢慢來，即使迷路了，也沒關係，我們依然可以優雅地漫步在迷霧中，享受當下「無目的」的自在與清涼。

自由書寫，也是如此！當我們進入心靈的迷霧時，請不要急，繼續寫，讓自己漫步在迷霧中，讓心作為你的引導，**「follow your heart!」**，依隨你心，就對了。在那一刻，將是你跟自己最親密的時刻。

哪一天，當你漫步在生命的迷霧中時，請不要慌、不要放棄，繼續走，走著走著，突然間，抬起頭，你會看見一片金色的陽光，穿越枝頭，灑在你的肩頭。此刻，你會感到生命是如此美好，我想，這就是自由書寫帶給人的美好吧。

8 過去存在於當下

用寫作來修行，幫助自己洞察生活，使人心神清澄。
練習書寫意味著，最終你得全面探索自己的生命。

——《心靈寫作》

帶領學員做自由書寫時，我最常聽到的一句話是：「我以為這件事已經過去了，咦？怎麼一下筆，它卻不自主地冒出來？」沒錯，故事雖然發生在過去，但只要發生過、對你有意義的事，會永遠停駐在心中，成為你每個存在的「當下」。一位靈性大師曾說：「沒有過去，過去是不存在的，人唯一擁有的是現在。」當時我不明白這是什麼意思，學了自由書寫以後，才恍然了悟。

沒錯，當我在敘說往事時，那個「過去」在被我說出的當下，變成一個新的故事了。**故事不是一個「固定不變」的東西**。透過敘說，故事會不斷產生流動、變化，而且每次說，每次都不一樣。這意思是：人無法改變過去，但我們可以改變「對過去的看法」，透過不一樣的「詮釋」，人的故事就會改變。心理治療在面對過去的傷痛時，我們所做的其實也是如此。我們把過去帶到現在，重新經驗它，雖無法改變過去發生的「事實」，但我們可以改變現在如何看待過去這件事的「觀點」，這樣的轉化就是治療。

敘事裡透過反覆敘說，我們把故事從「過去」帶到「現在」，讓我們重新經驗它、理解它，並重新賦予它新的意義，於是，人們從舊故事中得到解脫。這就是敘事所帶出來的故事療癒。「我們的過去只存在此時此刻，並不在某個獨立的片刻中。過去事件，在我的敘說裡，延續了它的生命。」在《狂野寫作》這本書裡，娜妲莉也這麼說。

當我們說故事時，過去就會被活生生帶到當下的「此時此刻」。就像我說：「昨晚我在公館夜市排了長長的隊伍，買一塊宜蘭蔥餅，然後我一路開心地啖著熱烘烘、香噴噴的蔥餅，在那個剎那，心中突然升起一種平凡、幸福的滿足感。」時，你看，昨晚的那個「過去」，在被我說出的當下，滿足感又「重新臨現」浮現在我的臉龐，甚至連宜蘭蔥餅的香氣，我都還聞得到呢。

因此，說故事從來不是一個「過去式」，它是「現在式」，更是「進行式」。說故事讓生命得以在此時此刻開展、延伸、轉化，這就是為什麼我說：「自由書寫，會讓人經驗到自己的『在』，一種真真實實地存在。」當我們把過去的自己，帶到「此時此刻」去凝視、關照時，我們就創造了一種與過去某部分的自己「同在」的歷程與感覺。當我們得以與過去所有的自己同在時，人就完整了、清明了；當生命清明時，我們就會知道自己要什麼，便容易對自己的生命做出選擇。

自由書寫將過去的經驗用白紙黑字寫出來、被自己看見，然後再唸出來，此刻它會變成「立體的」、有生命的東西，讓我們重新經驗它。如此的重新經驗，會帶出新的理解、新的領悟，於是人就得以重新做選擇，去選擇自己「偏好」（prefered）的生活樣貌與生命腳本，最後，故事就「重寫」了。

透過自由書寫來說故事，幫助我進入過去、探索過去，也重新理解過去，對我而言，這件事如同這幾年的打坐、修禪一般，讓我的生命得以擁有片刻的清明。同時我也發現，當我可以好好擁抱「過去」時，才能學會好好活在「當下」，當每一個過去都可以被好好地帶到當下重新理解時，過去的傷痛，才得以漸漸被消融、轉化，也唯有如此，過去才會真的過去。

如果你也想讓過去成為自己的「資產」，而非「負債」，那麼請你也來書寫、說故事吧。

9 活在當下的祕訣

透過打坐與寫作，我在學習「不動如山」。
剛好這兩件事，都需要坐著，需要安安穩穩地，坐在那個「當下」。

一行禪師說：**「人要活在當下，才算真正活著。」**但要活在當下，真的很難，我們的心老是跑來跑去，像個過動兒一樣，我們經常不是懊惱過去、就是憂慮未來，根本就很少安住當下，至少我是如此。

「過去」就像一隻跟屁蟲，跟著你到處跑，甩也甩不掉；而「未來」卻像一隻在你頭上飛來飛去、嗡嗡作響，揮之不去的蒼蠅，一天到晚黏著你。過去與未來經常搞得人們心煩意亂，無法好好安靜過生活，怎麼辦呢？

這幾年我學習打坐、靜坐，就是想把那隻嗡嗡作響的蒼蠅給「打下來」，我渴望過著清靜的生活。後來發現，雖然打坐讓我身心安靜了一些，但那隻蒼蠅，卻依舊不時嗡嗡作響，從來不曾消失。

好，學了自由書寫後，我想：既然蒼蠅趕也趕不走，乾脆我就把它寫下來，把它看個明白。這些年，透過自由書寫，我就是在「趕蒼蠅」，這成了我的修行。

在這幾年的實踐裡我發現：當我可以把自己內心的紛亂與擔憂都寫下來時，就如同拿起蒼蠅拍一樣，「啪」一聲，蒼蠅就落在紙上，讓我看個清楚明白。如同敘事大師麥克・懷特說的：**「唯有你跟它say hello again時，你才能跟它say goodbye。」**這是敘事諮商裡處理悲傷失落的方式與相信。唯有面對它，你才能夠放下它。

自由書寫就是一種「say hello again」。當人可以把過去的擔心與未來的焦慮都給寫下來，面對它、辨識它，它就不會飛來飛去，嗡嗡作響，攪亂我們的心。

這幾年，練習打坐與寫作，我期待自己的生命可以有「不動如山」的安穩。剛好這兩件事，都需要坐著，需要安安穩穩地坐在那個「當下」。當下，我把自己變成一座山，如如不動。

在不動如山的寫作裡，讓我學會專注，讓我可以活在當下，我很喜歡這樣的自己。於是我這才發現：原來自由書寫就是讓我活在當下的祕訣。當我越書寫就越能覺察自我，當我越能覺察自我，我就越能活在當下，也越能安住在自己的生命裡。我所寫的一切，不管它是什麼，最後都將成為生命的後盾與基石，它讓我的生命得以安穩地走下去。

10 做人，不能違背自己的心意

我不在乎我寫的東西在別人眼裡是好還是不好，好或壞都是源自我的胸中真實的吐露。

——亨利．米勒

這幾天，重拾余德慧老師十幾年前的舊作《生命夢屋》，裡面有一段話恰巧跟書寫有關，書裡說了美國文豪亨利．米勒（Henry Miller）寫作的生涯故事。書上說：年輕的亨利曾經模仿許多大師的寫作風格，希望藉此發現寫作的奧祕，結果卻走入死巷，陷入了少有人經歷過的窘迫絕望慘境，然而，就在這個幻滅的時刻，他有了新的領悟，書上寫著：

我拋掉一切，包括過去最珍愛的種種，重新由無開始；我立刻聽到自己的聲音，而且沉醉其中……我不在乎我寫的東西在別人眼裡是好還是不好，好或壞都源自

> 我胸中的真實吐露。我的雙足實實在在地躍入生命的美學，遨遊於超乎道德、倫理、功利主義之外，而置身於藝術天堂。我的生命自成一個完整的藝術作品，我找到一種聲音，成就了我完全的自己！

看完這段話，內心深深被觸動，我感受到有一股「重新來過、做自己」的強大力量。

當我們可以拋開一切包袱，讓自己歸零，從「心」開始時，生命的力量就當下展現。當我們可以拿掉外在的標準、評價，回到自己身上時，才能聆聽到內在最真實、最原始的聲音，這也是自由書寫的最佳寫照。

當讀到亨利說：「我不在乎我寫的東西在別人眼裡是好還是不好，好或壞都是源自於我胸中的真實吐露。」時，我心裡跟著大叫：「對，沒錯！」不管好壞，那都是發自我內心的聲音，我們得忠於它，不否定、不批判，這才是全然的自我接納，這件事就是自由書寫所要做的事。

於是我終於明白了，自由書寫其實也在學會「不在乎」，學會讓我們成為真實的自己，那就是一種自信的展現。不在乎別人怎麼說、怎麼看、怎麼想，如此，內心的話語，才得以從心（胸）中，源源不絕地吐出。「不在乎」不是要你剛愎自負、目中無人，而是要我們學會相信自己，並為自己的生命負責。

這幾年，我深深感受到自由書寫所帶給人的療癒，其實就是在幫助我們做回自己，它塑造了一個全新、真實的自我，用余德慧老師的說法是「再生人」。這樣的「再生人」，透過發聲，在「成就完全的自己」，而當人可以做回自己時，就會對自己、也對別人產生一種了解、接納、關懷與尊重。

做回自己是重要的，這讓人活得有尊嚴，如同偉大畫家畢卡索所說：**「做人，不能違背自己的心意。」**活著，卻違背自己心意、口是心非，這是一種低自尊的展現，也是現代人不快樂的原因。透過自由書寫，讓我學會心口如一，真實地說出自己的想望，真實地做回自己，如此，我也就「成就」了完全的自己。做人，本當如此，不是嗎？

11 看見喋喋不休的小我

辨識小我，讓我回到宇宙神性的大我中，
自由書寫成了我這些年靈性操練的法門。

在最近的靈性閱讀中，讓我對自由書寫有了更深刻的領悟。我發現，當我自由書寫時，我變得很專注、很投入，它讓我處在一種非常「臨在」的狀態。臨在是一種靈性的說法，簡單的說：當我自由書寫時，我很活在當下，此刻我好像回到一個本體（being）的「大我」中，專注凝視另一個我（小我）。

那什麼是「小我」？按照靈性書籍《當下的力量》作者托勒的說法：「小我」是社會集體意識所創造出來的，裡面包含了個人過去的創傷經驗。托勒講的這個「小我」，也可以用心理學大師佛洛伊德的「超我」做比喻，因為這個「小我」總活在世俗標準中，它有很多的「應該」，它善於評價、論斷、計算，它喜歡比較、競爭，分好壞對錯。你看，人的「小我」多麼操煩忙碌啊，這也是人無法安穩度日的原因。其實我跟大多數人一樣，都活在「小我」的心智運作中而不自知，小我的聲音每天在我們腦海裡喃喃自語，搞得人心煩氣躁、焦慮不安，這是人痛苦煩惱的根源。那怎麼辦？要如何解脫呢？

托勒告訴我們：**除非你能覺察腦袋裡，那個喋喋不休的「小我」，認出它，但不用認同它，因為它不等於你。**如此，人才能解脫，得到真正的自由。

但要如何「覺察」呢？

我的方法就是：打坐與寫作。這兩件事幫助我靜心、覺察。

我發現自由書寫可以幫助我看見喋喋不休的「小我」，聽見它的聲音，看見它的運作，尤其在自由書寫中，讓我可以跟「小我」得以保持某種距離去觀照它、**「認出」**它，卻不用**「認同」**它。

在敘事治療裡有個很重要的概念，叫**「問題外化」**。問題外化的意思是「人不等於問題」，我們不把人與問題劃上等號，透過外化的語言可以幫助案主辨識：問題是如何被建構的（通常與社會文化價值有關）？問題跟人的關係又是如何？透過這種「外化」的語言，人可以跟問題保持一定的「距離」，並以一種嶄新的觀點理解問題，而不被問題捆綁住。外化幫助我們擺脫「我有問題」的羞愧與罪惡感，當我們可以不被這些負向能量困住時，人的內在就會長出新的力量，於是我們就可以重新做選擇、做決定，進而重寫自己的生命故事。

突然間，我發現：**自由書寫也有「外化」的功能**。它跟「問題外化」一樣，透過書寫，讓我們內在的聲音（通常是小我的聲音）被寫出來（現形）、被自己看到，像這樣「寫在紙上」的動作，就是一種「外化」。接著，你把所寫的東西唸出來，被自己聽見時，這又創造了「另一層次的外化」。此時，有一個更高層次的我，正在看著小我，聆聽它、辨識它，也理解它。

透過自由書寫、朗讀的外化歷程，我們漸漸可以認出那個喋喋不休的「小我」是如何在腦袋裡說話、又是如何在困擾自己的？自由書寫及朗讀，就是一個看見與辨識「小我」的過程，當人可以看見它而不認同它時，人就解脫了。透過這些年的實踐，讓我領悟到自由書寫的外化功能，它幫助我擺脫了「小我」的束縛，還給我片刻的清明。

同時我也發現：一旦可以擺脫小我的糾纏，人就可以回到宇宙的大我中，找到神性的智慧，這也是為什麼我把自由書當成靈性操練的原因。如同娜妲莉書裡的一段話：「我們切不可忘記宇宙時時與我們同行，不論我們做什麼，宇宙都在身後。」這個宇宙，就是神性的大我，它時時刻刻與我們相隨，如果要與祂連結，我們得學會安靜自我，不管靜坐或寫作，都是靜心的良方。

無論是安穩自己的生命，或是學習時時刻刻回到神性的大我中，這都是多年來，我透過說故事、自由書寫想要達到的生命修練，而這樣的良方，期待讀者可以學習並領會到。

〔後記〕

迴響、感恩、新行動

迴響

這本書的完成，要感謝許多人的參與，這裡面充滿了故事。

初稿完成，我先找了幾位私塾夥伴幫我校稿；校稿完，我又邀請好友、師長們幫我的新書寫序，於是書未出版，這些人先睹為快，有人開始迫不及待地要給我回應了。

故事是一種「看見」。別人從我的故事裡，看見我，也看見他自己。

故事是「有機體」，它是有生命的。在回應與對話中，讓故事變得更加豐厚，故事在不斷地往返敘說中，生生不息。

就像好友錦敦跟我說，他光翻開第一頁眼眶就紅了。我訝異地問他我第一頁寫了什麼？他說就是那幾個字啊：**「本書願獻給所有受苦、但不放棄的靈魂。」**

他的感動讓我很感動，這表示，他懂了這句話的深意。

為什麼一開始，我想給出這句話呢？我跟私塾夥伴說：「這句話其實包含了做敘事最重要的兩件事。」因為人活著其實很受苦的（suffering），聆聽故事，面對他人生命的「苦」，我們只能用悲天憫人的心去對待、去理解。但這還不夠。我們不只要能看見生命的痛苦與掙扎，我們更要去看見：**這個生命是如何在困頓中，卻依然可以不放棄、努力存活的力量。如此的看見，才是「敘事之美」的精髓。**

另一位好友看完第一章「我的故事」後，立刻回我：「志建，你不只『任性』，你也很有『韌性』，一個人要能堅持理想，光靠任性是不夠的。」能如此被深深看見，我只能感動。

一位幫我校稿的私塾夥伴，看完我的故事，跟我說：「厚，好嫉妒你。」

「嫉妒什麼？」我好奇地問。

「嫉妒一個人怎麼可以活得這麼任性？」她裝腔作勢、忿忿不平地說。

我笑著回她：「除了嫉妒，是不是還有一點生氣，生氣自己不能這麼任性？」

「對！沒錯！」她大叫，接著大笑，因為被懂。

那天私塾，她跟大家說了自己生長在重男輕女家庭的生命故事。為了生存、為了被看見，她從小就學會如何當一個聽話懂事的好孩子，身上那份「任性」，老早就收藏在生命的地窖裡，不見天日。

奇特的是，說完故事後，下課前她突然跟大家宣布：「回去以後，我要開始『耍賴』了！」說這話時，她的樣子很撒嬌，像孩子一般，任性——雖然，她已經是兩個孩子的媽媽，而且是大學老師。呵呵，這就是故事的魔力！從我的任性裡，也幫助她認回了自己的任性。故事就像「滾雪球」一般，越滾越大，不知不覺中，我的故事也「跑進」了你的故事裡，讓你看見自己、療癒自己。像這樣的「迴響」有一籮筐，幾乎可以再寫一本書囉。

無限感恩

這本書可以順利出版，真要感謝這一生中一路相挺的貴人。

金樹人老師是我碩班的指導教授，也是我學敘事的啟蒙老師，因為他，讓我的敘事有了穩固的基石。熙珚老師提供我成為敘事治療師的「樣貌」，那份溫柔與接納，是直接從她身上給出來。老翁（翁開誠）是我博士論文的指導教授，我的敘事能夠如此「故事化」，我能夠好好說自己的故事而不放棄，真要感謝他。

錦敦與謝文宜老師是我的重要好友。錦敦不用說了，我的故事裡處處可看見他。文宜老師是一個真誠溫暖又柔軟謙卑的人，是我做敘事最好的身教。還有很多認識、不認識的朋友在臉書及部落格裡，不斷地給我按「讚」，哈，那樣的鼓勵與支持是如此溫暖，如此的陪伴叫我的「書寫行動」一點都不孤單。

最後當然要感謝心靈工坊願意幫忙出版這本書，這對我，一個台灣在地敘事實踐者是極大的鼓勵。這本書不只在台灣出版，大陸的簡體版也早一步在今年八月初上市，八月底我將應邀到北京的人民大會堂做一場大型的演講（那是大陸一年一度的「全國心理學家」年會）及敘事工作坊，那邊的出版社及實務工作者對敘事治療與故事療癒充滿濃厚興趣，很叫我感動。

「故事一〇〇」新行動

因為幫我校稿，有人看了我的書以後，竟然產生了「說故事」的衝動。私塾的錦惠很有行動力，她花了兩個月寫了十幾篇自己的故事，她說想讓自己的兒女認識這個媽媽。這就是「以故事引故事」的力量，同時也是故事帶出的集體行動力。如果這本書也同樣可以為其他讀者帶來療癒與行動，我衷心期待並深感榮幸，如此這本書就更有價值了。

於是，我產生一個新構想。

我心想，如果有人因為這本書（或我的故事）而激發了某些靈感、動力，讓你想要寫一篇心得、寫自己的故事，甚至想邀幾個朋友共組讀書會一起閱讀這本書，那真是太好了。可否麻煩你，請寫信告訴我，好嗎？這樣的分享是很重要的。當你的感動、心得、行動，透過文字給出來發聲時，你就賦予了它新生命。**說出來，是一種宣告，如此會產生行動力量。**我非常願意成為你敘說行動的「見證者」，更樂於見證每個生命故事透過實踐而重新改寫。

敘事是一個很重視實踐的學派，我想給這個行動命名為**「故事一〇〇」**，意思是：我想收集一百個因為這本書所延伸出來的故事。如此，不但讓出書這件事變得更加有趣味，同時也延伸了這本書的價值與生命。（如有故事或行動，請您寫信與我分享。Email：joe.chou@ms60.url.com.tw）

回饋

本書台灣版稅所得，我預計捐出**15％給「台灣天主教新竹聖方濟育幼院」**的孩子。還記得我的故事嗎？小時候家貧，我連寫的毛筆都沒有，每到交作業時都焦慮得不得了，到處跑去跟人家借毛筆。如果可以，我希望這件事不要再發生在其他孩子身上。

錢其實不多，這算不了什麼善行，但期盼可以拋磚引玉。這個小小的「回饋」行動會讓我在出書這件事上，再添加更多的「意義」。

最後，其實我想說的是：感謝所有曾經幫助過我、善待我的人，這份恩情無以回報，就讓我以這種方式表達感謝吧！

延伸閱讀

- 《新譯四書讀本》（1990），謝冰瑩等編譯，三民書局。
- 《生命夢屋》，（1994），余德慧，張老師文化。
- 《沙發上的說話課》（2000），理查・史東（Richard Stone），經典傳訊。
- 《敘事治療：解構並重寫生命的故事》（2000），吉兒・佛瑞德門、金恩・康姆斯（Jill Freedman、Gene Combs），張老師文化。
- 《故事、知識、權力：敘事治療的力量》（2001），麥可・懷特、大衛・艾普斯頓（Michael White、David Epston），心靈工坊。
- 《心靈寫作：創造你的異想世界》（2002），娜妲莉・高柏（Natalie Goldberg），心靈工坊。
- 《生命的禮物：給心理治療師的85則備忘錄》（2002），歐文・亞隆（Irvin D. Yalom），心靈工坊。
- 《點》（2003），彼得・雷諾茲（Peter Reynolds），和英。

- 《反映的實踐者：專業工作者如何在行動中思考》（2004），唐納德・薛恩（Donald A. Schon），遠流。
- 《探索敘事治療實踐》（2005），尤卓慧、岑秀成、夏民光、秦安琪、葉劍青、黎玉蓮，心理。
- 《祕密》（2007），朗達・拜恩（Rhonda Byrne），方智
- 《狂野寫作：進入書寫的心靈荒原》（2007），娜妲莉・高柏（Natalie Goldberg），心靈工坊。
- 《誰能寫出玫瑰的味道：不完美・癮・靈性的自我關照》（2007），厄尼斯特・科茲、凱薩琳・凱遜（Katherine Ketcham），人本自然。
- 《一個新世界：喚醒內在的力量》（2008），艾克哈特・托勒（Eckhart Tolle），方智。
- 《當下的力量：找回每時每刻的自己》（2008），艾克哈特・托勒（Eckhart Tolle），橡實文化。
- 《刺蝟的優雅》（2008），妙莉葉・芭貝里（Muriel Barbery），商周出版。
- 《敘事治療的工作地圖》（2008），麥克・懷特（Michael White），張老師

文化。

- 《從故事到療癒：敘事治療入門》（2008），艾莉絲・摩根（Alice Morgan），心靈工坊。
- 《敘事治療入門》（2008），馬丁・佩尼（Martin Payn），心理。
- 《人生，要活對故事》（2009），洛爾（Jim Loehr），天下文化。
- 《心靈祕徑：11個生命蛻變的故事》（2009），呂旭亞、白崇亮等，心靈工坊。
- 《零極限：創造健康、平靜與財富的夏威夷療法》（2009），喬・維泰利、伊賀列卡拉・修・藍博士（Joe Vitale、Ihaleakala Hew Len），方智。
- 《失落的幸福經典：影響千萬人的生命法則》（2010）佛羅倫絲・辛（Florence Scovel Shinn），方智。
- 《醫行天下》（2010），蕭宏慈，橡實文化。
- 《破碎重生：困境如何幫助我們成長》（2011），伊莉莎白・萊瑟（Elizabeth Lesser），方智。
- 《敘事治療的實踐：與麥克持續對話》（2012），麥克・懷特（Michael White），張老師文化。

學術論文

- 〈覺解我的治療理論與實踐：通過故事來成人之美〉（2002），翁開誠。
- 〈敘事頑童在關係中自我的發展歷程〉（2009），陳筱婷。
- 〈重構生命故事：一個經驗韌性的自我敘說〉（2010），王佳元。

Holistic 077

故事的療癒力量：敘事、隱喻、自由書寫
The healing power of story

作者—周志建

出版者—心靈工坊文化事業股份有限公司
發行人—王浩威　總編輯—徐嘉俊
主編—周旻君　執行編輯—林依秀
內頁排版—李宜芝　封面設計—薛妤涵
通訊地址—10684台北市大安區信義路四段53巷8號2樓
郵政劃撥—19546215　戶名—心靈工坊文化事業股份有限公司
電話—（02）2702-9186　傳真—（02）2702-9286
Email—service@psygarden.com.tw　網址—www.psygarden.com.tw

製版・印刷—中茂分色製版印刷事業股份有限公司
總經銷—大和書報圖書股份有限公司
電話—（02）8990-2588　傳真—（02）2290-1658
通訊地址—248新北市五股工業區五工五路二號
初版一刷—2012年9月　初版三十四刷—2023年7月
ISBM—978-986-6112-52-2　定價—340元

國家圖書館出版品預行編目資料

故事的療癒力量：敘事、隱喻、自由書寫／周志建著. -- 初版. -- 臺北市：心靈工坊文化, 2012.09
面；公分.--（Holistic；77）

ISBN 978-986-6112-52-2（平裝）

1.心理治療 2.心理諮商 3.說故事

178.8　　101015017

心靈工坊 PsyGarden 書香家族 讀友卡

感謝您購買心靈工坊的叢書，爲了加強對您的服務，請您詳填本卡，
直接投入郵筒（免貼郵票）或傳眞，我們會珍視您的意見，
並提供您最新的活動訊息，共同以書會友，追求身心靈的創意與成長。

書系編號－HO077　　書名《故事的療癒力量：敘事、隱喻、自由書寫》

姓名　　是否已加入書香家族？ □是 □現在加入

電話（公司）　　（住家）　　手機

E-mail　　生日　　年　　月　　日

地址 □□□

服務機構／就讀學校　　職稱

您的性別一□1.女 □2.男 □3.其他

婚姻狀況一□1.未婚 □2.已婚 □3.離婚 □4.不婚 □5.同志 □6.喪偶 □7.分居

請問您如何得知這本書？

□1.書店 □2.報章雜誌 □3.廣播電視 □4.親友推介 □5.心靈工坊書訊
□6.廣告DM □7.心靈工坊網站 □8.其他網路媒體 □9.其他

您購買本書的方式？

□1.書店 □2.劃撥郵購 □3.團體訂購 □4.網路訂購 □5.其他

您對本書的意見？

封面設計	□ 1.須再改進	□ 2.尚可	□ 3.滿意	□ 4.非常滿意
版面編排	□ 1.須再改進	□ 2.尚可	□ 3.滿意	□ 4.非常滿意
內容	□ 1.須再改進	□ 2.尚可	□ 3.滿意	□ 4.非常滿意
文筆／翻譯	□ 1.須再改進	□ 2.尚可	□ 3.滿意	□ 4.非常滿意
價格	□ 1.須再改進	□ 2.尚可	□ 3.滿意	□ 4.非常滿意

您對我們有何建議？

廣 告 回 信
台北郵局登記證
台北廣字第1143號
免 貼 郵 票

心靈工坊 PsyGarden

台北市106 信義路四段53巷8號2樓

讀者服務組 收

免 貼 郵 票

(對折線)

加入心靈工坊書香家族會員
共享知識的盛宴，成長的喜悅

請寄回這張回函卡（免貼郵票），
您就成爲心靈工坊的書香家族會員，您將可以——

⊙隨時收到新書出版和活動訊息

⊙獲得各項回饋和優惠方案

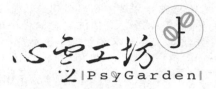